DE LA

RESCISION DES PARTAGES

POUR CAUSE DE LÉSION

THÈSE POUR LE DOCTORAT

PAR

Alexandre ZEUCEANU

PARIS

Librairie Nouvelle de Droit et de Jurisprudence

ARTHUR ROUSSEAU, ÉDITEUR

14, RUE SOUFFLOT ET RUE TOULLIER, 13

1898

THÈSE

POUR LE DOCTORAT

DE LA

RESCISION DES PARTAGES

POUR CAUSE DE LÉSION

THÈSE POUR LE DOCTORAT

L'ACTE PUBLIC SUR LES MATIÈRES CI-APRÈS

Sera soutenu le jeudi 30 juin 1898, à 10 heures

PAR

Alexandre ZEUCEANU

Président : M. LYON-CAEN.

Suffragants : MM. Léon MICHEL, WEISS, *professeurs.*

PARIS

Librairie Nouvelle de Droit et de Jurisprudence

ARTHUR ROUSSEAU, ÉDITEUR

14, RUE SOUFFLOT ET RUE TOULLIER, 13

1898

DE LA RESCISION

DES

PARTAGES POUR CAUSE DE LÉSION

INTRODUCTION

La lésion est le préjudice qui, dans les contrats commutatifs, résulte pour l'une des parties, de la différence existant entre la valeur de la prestation à laquelle elle s'oblige et la valeur de ce qu'elle doit recevoir en retour.

En principe la lésion n'a dans notre droit aucun effet sur la validité des conventions. Cette règle a été inspirée par la raison économique et utilitaire ; en effet si la disproportion entre les obligations des parties devait entraîner la rescision des contrats, il faudrait que la valeur des choses qui font l'objet des conventions fût déterminée et déterminable, or il est très difficile de faire cette évaluation. Les choses ont bien en général une valeur appréciable en argent qui pourrait permettre de fixer les bases de la lésion, mais en dehors do la valeur intrinsèque, les choses peuvent avoir une valeur plus ou moins considérable par l'intérêt que nous leur attribuons, c'est ce que l'on appelle souvent la convenance personnelle, et cette convenance personnelle est essentiellement variable, eu égard aux circonstances de temps et de lieu, aux besoins, aux goûts et aux passions de ceux qui contractent.

En outre, comme la plupart des contrats sont des actes de spéculation, il est très rare que les prestations des parties soient d'une valeur égale ; il était impossible d'admettre, à moins de consacrer les règles les plus funestes à l'encontre de la stabilité nécessaire des opérations civiles et commerciales, que l'inégalité des prestations réciproques pût donner lieu à la rescision des conventions.

Aussi s'explique-t-on qu'on ne trouve ni dans le passé ni de nos jours aucune législation qui fasse de la lésion une cause de rescision dans tous les contrats.

Pourtant cette règle n'est pas absolue. Exceptionnellement, en vertu de l'article 1118 du Code civil, la lésion donne lieu, à l'égard de certaines personnes, les mineurs, et pour certains contrats entre majeurs, à une action en rescision : ces contrats sont la vente d'immeuble en cas de lésion subie par le vendeur (art. 1674 et suiv., C. civ.) et le partage (art. 887 et suiv., C. civ.) (1).

---

(1) Ajoutons que la loi civile admet également, dans l'article 783, la lésion, comme pouvant donner lieu à l'annulation de l'acceptation d'une

Nous n'avons pas à nous occuper ici des considérations qui ont fait admettre l'action en rescision au profit des mineurs et au profit du vendeur d'immeuble ; mais nous devons justifier l'exception en matière de partage.

Le partage est un moyen que la loi a donné aux copropriétaires de sortir de l'indivision, ce n'est donc pas un acte de spéculation comme tous les contrats en général mais un acte dans lequel chacun des intéressés cherche à obtenir ce à quoi il a droit ; il est très naturel que les copartageants soient traités sur le pied de la plus stricte égalité, car il n'y aurait pas véritablement partage si les parts n'étaient pas proportionnelles aux droits de chacun (1).

C'est ce principe d'égalité qui dans le droit romain et dans notre ancien droit justifie l'admission, en ce qui concerne le partage, d'une exception à la règle générale qui refuse d'admettre la lésion comme une cause de nullité des conventions.

Tous les textes du droit romain relatifs au partage parlent de cette égalité ; dans l'ancien droit Loysel nous dit : « l'égalité est l'âme des partages ».

succession dans une certaine circonstance, lorsque la succession se trouve absorbée ou diminuée de plus de moitié, par la découverte d'un testament inconnu au moment de cet acte. Mais il convient d'observer que le mot lésion n'a pas, dans cette disposition, le sens que nous sommes convenus de lui donner ici : l'acceptation d'une succession n'est pas un contrat, c'est l'acte d'une volonté unique.

(1) C'est dans ce sens qu'il faut entendre le mot égalité lorsqu'on parle du partage.

C'est ce même principe qui a inspiré les rédacteurs du Code civil.

Il convient pourtant d'observer que tous les auteurs ne justifient pas par cette raison l'exception consacrée par la loi.

M. Huc l'explique par le motif que le partage est un contrat forcé (1). En effet, dit cet auteur : « les contrats sont des actes libres pour les parties qui les concluent, celles-ci se font à elles-mêmes une situation déterminée qu'elles acceptent. Donc lorsqu'un contrat a été librement formé et qu'il est exempt de dol et d'erreur, on ne voit pas comment on viendrait le rompre sous prétexte de lésion. » C'est là un principe de notre droit. « Mais il n'en est pas de même, ajoute-t-il, pour le partage. Le partage est un contrat forcé, puisque nul n'est tenu de rester dans l'indivision ; de plus les parties ne peuvent volontairement se créer une situation nouvelle, mais seulement liquider leurs droits antérieurs. » Voilà pourquoi la loi tient compte dans un pareil acte de la lésion si elle a une certaine importance.

Il est donc inutile, dans cette opinion, pour expliquer et justifier la rescision pour cause de lésion, de parler du vieil axiome : l'égalité est l'âme des partages. Cela est si vrai, dit M. Huc, que lorsqu'aucun des cohéritiers n'est lésé de plus du quart, il n'y a pas lieu à rescision, lors même que l'un d'eux aurait reçu plus d'un quart

____

(1) T. V, n. 465

en sus de ce qu'il devait avoir. Le savant auteur a recueilli dans les travaux préparatoires du Code civil l'idée qu'il a défendue en ces termes. Un membre du Tribunal, Siméon, a dit en effet dans la séance du Corps législatif du 29 germinal an XI, en présentant le vœu d'adoption de la rescision du partage, que l'adoption de cette règle était nécessaire parce que le partage était un contrat forcé. Mais l'orateur ajoute que l'égalité est le résultat évident d'un tel contrat et c'est pour que l'égalité soit respectée que l'on admet la lésion.

Nous voulons bien reconnaître aussi que le partage est un contrat forcé et qu'il a pour but de confirmer des droits antérieurs, mais nous ne croyons pas que ces considérations justifient d'une façon suffisante la rescision pour cause de lésion.

Le principe de l'égalité, dit M. Huc, ne justifie pas l'admission de notre exception, et la preuve en est, suivant lui, que si aucun copartageant n'est lésé de plus du quart, il n'y a pas lieu à rescision lors même que l'un d'eux aurait reçu plus d'un quart en sus de ce qui lui revenait. Mais cela ne prouve pas, à notre avis, que l'égalité ne soit pas nécessaire avant tout en cette matière. Seulement, le législateur a craint, s'il ne fixait aucune limite, d'ouvrir la porte à un trop grand nombre de procès et de rendre le contrat de partage essentiellement instable en donnant aux parties le droit de l'attaquer quelque minime que fût la lésion subie. Il a donc fixé à plus du quart la lésion dont il faudra justifier ; c'est peut-être arbitraire, et il est telles hypothèses. (celle qu'a choisie M. Huc en est un exemple), où cette règle aura des inconvénients ; mais c'était nécessaire pour concilier à la fois deux principes également respectables : l'égalité des partages et l'immutabilité des conventions.

Dans une autre opinion, qui est défendue notamment par M. Baudry-Lacantinerie (1), on dit que la rescision pour cause de lésion a pour fondement un vice de consentement ; comment, dit cet auteur, admettre qu'un contrat auquel les parties ont librement consenti, puisse être rescindé, si l'on n'admet pas que ce soit par un vice, et par un vice atteignant le consentement ? Pothier disait déjà (2) : « Il y a de l'imperfection dans le consentement de la partie lésée. » Le Code civil a consacré cette tradition, et l'on en trouve la preuve certaine dans la rubrique même de la section où figure l'article 1118, section qui est intitulée : « du consentement ». Tels sont les deux arguments de cette théorie.

Suivant nous, ils ne prouvent rien. Pothier a bien pu admettre que la lésion constituait une certaine imperfection dans le consentement, mais cela ne prouve pas que les rédacteurs du Code civil aient entendu s'en tenir à cette opinion qui n'offrait qu'un intérêt théorique, et nous soutenons, nous, qu'ils ne l'ont pas fait.

(1) Baudry-Lacantinerie et L. Barde, *Traité des obligations*, I, n.124. Huc, VIII, n. 40 ; Marcadé, IV, p. 432.
(2) *Obligations*, n. 33.

Quant à la place qu'occupe l'article 1118, elle ne prouve pas davantage. Le siège de la matière (les vices du consentement) n'est pas en effet l'article 1118 mais l'article 1109 ; or cet article qui énumère les différents vices du consentement ne parle pas de la lésion.

On nous oppose, il est vrai, que la lésion ne viciant qu'exceptionnellement les conventions rescindables, le législateur n'avait pas à la comprendre dans la disposition générale de l'article 1109 à côté de l'erreur, de la violence et du dol.

A quoi il convient de répondre que le législateur aurait pu ajouter à son énumération ... « ou s'il y a lésion dans certains cas prévus exceptionnellement et limitativement par les lois » ; c'est ce qu'il n'aurait pas manqué de faire, s'il avait entendu considérer la lésion comme un vice du consentement, à moins de ne donner qu'une énumération incomplète.

Pour nous la lésion ne constitue pas un vice du consentement, parce que l'on ne peut pas dire que les parties n'auraient pas contracté si elles avaient connu la lésion lors du contrat. La lésion est en effet, nous l'avons déjà dit, purement relative parce que la valeur des choses est essentiellement variable et dépend d'une série de circonstances personnelles aux parties contractantes, ce qui rend impossible la distinction entre la valeur relative des choses et leur valeur marchande.

Les auteurs très nombreux qui admettent l'opinion contraire sont d'ailleurs très embarrassés pour dire quel est exactement ce vice : les uns l'attribuent à une erreur, à une fausse persuasion de la valeur des biens par la partie lésée (1) ; d'autres disent que la lésion et l'erreur ne doivent point être confondues, et que la lésion est la contrainte morale dans laquelle se trouvait le copartageant qui a consenti à un acte dans lequel il n'obtient pas l'équivalent de ses droits (2). D'autres enfin admettent que la lésion peut être, ou l'une ou l'autre, ou une erreur ou une contrainte morale (3), ces derniers ajoutent que dans le cas où c'est l'erreur qui provoque la lésion, il ne faut pas confondre l'une avec l'autre, la lésion se détache de l'erreur pour former un vice spécial prévu par la loi.

Ces hésitations qui se manifestent dans l'opinion adverse nous fortifient dans la nôtre ; aussi, soutiendrons-nous en différentes occasions, au cours de cette thèse, que la lésion ne peut pas être un vice du consentement.

La lésion donne au profit de celui qui l'a subie une action que l'on appelle l'action en rescision et que l'on oppose généralement à l'action en nullité. L'action en nullité et l'action en rescision, sont des actions très voisines, qui sont données contre des conventions qui existent bien, en réalité, mais qui sont entachées de

---

(1) Pothier, *Obligations*, n. 33.
(2) Marcadé, IV, p. 432.
(3) Baudry-Lacantinerie et Barde, *Obligations*, I, n. 124 ; Demolombe, XVIII, n. 413.

certains vices. Le législateur semble faire la distinction suivante entre nos deux actions : l'action en nullité est donnée contre une convention dont le consentement est atteint de dol, de violence ou d'erreur, ou dont une partie est incapable, tandis que l'action en rescision est donnée pour le cas spécial où la convention est entachée de lésion (1).

Il n'existe pas, aujourd'hui, de différence entre les règles applicables à ces deux actions. Aussi s'explique-t-on que le législateur ait souvent employé ces deux expressions l'une pour l'autre.

Dans l'ancien droit, au contraire, jusqu'à la Révolution, il y avait différence à un triple point de vue :

1° L'action en rescision ne pouvait être intentée qu'après l'obtention du pouvoir central de lettres de rescision ; l'action en nullité était librement portée devant les juridictions compétentes ;

2° L'action en rescision était spéciale aux causes de nullité basées sur le droit romain ou sur l'équité. L'action en nullité sanctionnait au contraire les formalités prévues à peine de nullité par les coutumes ou les ordonnances ;

3° Enfin la prescription de l'action en rescision

____

(1) Cette différence de terminologie nous fournit un nouvel argument à l'appui de la thèse que nous avons développée plus haut que la lésion ne constitue point un vice du consentement ; en effet, si la lésion était un vice du consentement, comme on le soutient, quelle raison de lui donner pour sanction une action d'un nom spécial, au lieu de la sanctionner par une action en nullité comme l'erreur, le dol et la violence ?

était de dix ans, celle de l'action en nullité était de trente ans.

Dans le droit intermédiaire et dans le Code civil, toutes ces différences ont été supprimées; les deux actions sont soumises à des règles communes. Mais la doctrine n'a pas cessé de les distinguer l'une de l'autre.

La lésion étant ainsi admise comme une cause de rescision du partage, il convient de rappeler les circonstances qui peuvent donner lieu à cet acte.

Le partage suppose l'indivision entre plusieurs personnes ; il constitue le moyen mis à la disposition des copropriétaires pour faire cesser l'indivision.

L'indivision, elle-même, est l'état de fait dans lequel se trouvent plusieurs personnes qui ont des droits coexistants sur une universalité ou sur une chose particulière. Elle peut résulter de la volonté des parties ou de la loi. De la volonté des parties, lorsque deux personnes forment entre elles une société, lorsqu'elles contractent un mariage sous le régime de la communauté, ou lorsqu'elles se rendent acquéreurs d'un même bien. De la loi, lorsqu'une succession est échue à plusieurs personnes.

Le Code civil ne pose nulle part de règles relatives à la copropriété des choses indivises. C'est la doctrine et la jurisprudence qui ont comblé cette lacune en construisant à l'aide des matériaux épars fournis par le législateur et à l'aide des principes en matière d'obligations une théorie complète des droits et des obligations qui naissent de l'indivision.

Parmi les droits qui appartiennent aux communistes,
et c'est le seul qui rentre dans notre sujet, figure celui
de demander le partage de la chose commune (art. 815,
C. civ). (1).

C'est là un droit qui touche à l'ordre public et qui est
sanctionné par l'action en partage.

Jadis, chez les Romains, il existait deux actions pour
faire cesser l'indivision : l'action *communi dividundo*
qui s'appliquait au partage de choses indivises lorsque
l'indivision ne se rattachait pas à l'ouverture d'une succession, et l'action *familiæ erciscundæ* qui s'appliquait
au partage de succession.

Aujourd'hui l'article 815 pose un principe d'ordre
public qui est appliqué, non seulement au partage de
succession mais même au partage de toutes choses indivises ; c'est ainsi que l'on étend les règles contenues au
titre des successions, à tout acte qui fait cesser l'indivision de toute espèce.

La rescision pour cause de lésion qui fait l'objet de
cette thèse est donc applicable toutes les fois qu'il y a
partage, et cette observation nous amène à déterminer
notre sujet et à indiquer les limites dans lesquelles nous
le confinerons.

Nous nous occuperons en premier lieu de la rescision dans les partages de succession parce que c'est au
titre des successions que la loi pose toutes les règles.

____

(1) Il y a pourtant des hypothèses où l'indivision est forcée. Voyez :
art. 664 C. civ.

Nous examinerons en second lieu les partages d'ascendants. Dans un troisième titre nous étudierons les partages autres que partages de succession et nous y comprendrons les partages de communauté ordinaire, de communauté entre époux et de sociétés.

TITRE PREMIER

RESCISION DES PARTAGES DE SUCCESSION POUR CAUSE DE LÉSION.

PREMIÈRE PARTIE

NOTIONS HISTORIQUES.

CHAPITRE PREMIER

DROIT ROMAIN ET ANCIEN DROIT.

A. *Droit romain*. — En droit romain à l'époque classique la lésion n'était jamais une cause de rescision des conventions du moins entre personnes capables (1) : aucun texte ne parle de l'effet de la lésion sur la validité des contrats.

(1) Le préteur avait admis depuis longtemps l'*in integrum restitutio* en cas de lésion à l'encontre des mineurs de 25 ans.

Au Bas-Empire, deux constitutions, de Dioclétien et Maximien, viennent modifier le principe en accordant en matière de vente d'immeuble, une action en rescision au profit du vendeur si la lésion excède la moitié de la valeur du juste prix (1).

Cette disposition, toute exceptionnelle et les principes de l'interprétation restrictive ne devraient pas permettre d'étendre la rescision à d'autres contrats à titre onéreux et par suite au partage (2).

Pourtant il existe un texte, la Loi 3, C. III, 38, qui a permis de soutenir et de faire triompher l'opinion contraire (3).

(1) L. 2, C. N. 44. Rem majoris pretii si tu vel pater tuus minoris pretii distraxerit, humanum est, ut vel, pretium te restituente emtoribus, fundum venditum recipias, auctoritate judicis intercedente, vel, si emtor elegerit, quod deest justo pretio recipias. Minus autem pretium esse videtur, si nec dimidia pars veri pretii soluta sit.

L. 8, C. IV, 44. Si voluntate tua fundum tuum filius tuus venum dedit, dolus ex calliditate atque insidiis emtoris argui debet, vel metus mortis vel anciatus corporis imminens detegi, ne habeatur rata venditio. Hoc enim solum, quod paulo minore pretio fundum venditium significas, ad rescindendam venditionem invalidum est. Quod si videlicet contractus emtionis adque venditionis cogitasses substantiam, et quod emtor viliore comparandi, venditor cariore distrahendi votum gerentes ad hunc contractum accedant, vixque post multas contentiones, paulatim venditore de eo, quod petierat, detrahente, emtore autem hinc, quod obtulerat, addente, ad certum consentiant pretium, projecto perspicores, neque bonam fidem, quae emtionis atque venditionis conventionem tuetur, pati, neque ullam rationem concedere, rescindi propter hoc consensu finitum contractum vel statim, vel post pretii quantitatis disceptationem ; nisi minus dimidia justi pretii quod fuerat tempore venditionis, datum est, electione jam emtori praestita servanda.

(2) Molitor, *Traité des obligations*, 2, page 86. Mackeldey, *Lehrbuch*, 2, § 695, 4.

(3) L. 3, C. III, 38. Majoribus etiam, per fraudem vel dolum vel per-

Commençons par dire que ceux qui opinent dans le premier sens contestent la valeur de cet argument fourni par la loi 3 ; ils disent, et cela est vrai, que ce texte a été emprunté au Code Grégorien et que l'original parle de dol et non pas de lésion ; ils ajoutent que si les Romains avaient cru étendre la disposition des constitutions de Dioclétien et Maximien aux partages, ils auraient en même temps déterminé quel était le taux de la lésion, chose qui n'a pas été faite et qui embarrasse beaucoup les partisans de l'opinion contraire.

L'opinion qui admet qu'en droit romain le partage était rescindable pour cause de lésion a été avec raison soutenue (1).

En effet, la lésion n'était pas une cause de rescision des conventions en droit romain ; il a fallu un texte pour l'accorder en matière de vente, la constitution de Maximien et Dioclétien, mais ce texte doit nécessairement être appliqué au partage car il est inadmissible que la lésion soit une cause de rescision dans la vente, et ne le soit pas dans le partage dans lequel le principe d'égalité est souverain. Quant à la loi 3, C. III, 38, qui fournit un argument à l'opinion contraire, quoique rendue dans un cas particulier, celui où il s'agissait de dol, la fin du texte conçue en termes si généraux prouve

peram sine judicio factis divisionibus, solet subveniri, quia in bonae fidei judiciis et quod inaequaliter factum esse constiterit in melius reformabitur.

(1) M. Ch. Lyon-Caen, thèse de doctoral, Paris, 1866 ; van Wetter, *Droit romain*, I, § 210, I, B.

que la lésion vicie le partage en l'absence de manœuvres frauduleuses (1).

Nous croyons, de plus, que le partage était, en droit
romain, rescindable pour cause de lésion, sans qu'il
soit nécessaire de soutenir la même chose pour les contrats de bonne foi. Le partage est plus qu'un contrat de
bonne foi, c'est un acte dans lequel prédomine l'égalité
et, par suite, alors même que la lésion ne devrait pas
être considérée comme une cause de rescision de tous
les contrats de bonne foi elle pourrait être une cause de
rescision dans le partage, car toute lésion détruit le
principe d'égalité dont parlent les textes en cette matière (2).

Parmi les auteurs qui admettent le principe de la rescision du partage pour cause de lésion, quelques-uns
ont soutenu que le partage conventionnel seul était rescindable (3) ; ils s'appuient sur l'autorité de la chose
jugée et sur les mots *sine judicio* qui sont compris dans
la loi 3, C. III, 38.

Mais, comme le dit notre savant maître M. Lyon-
Caen, le sens de ces deux mots a été mal compris, ils
signifient sans discernement et non pas du tout sans
l'aide de la justice comme le croient nos adversaires.

La lésion étant reconnue comme cause de rescision
des partages en droit romain, quel en était le taux ?

(1) *Contrà* : Maynz, 2, § 278, I, note 16.
(2) Colomer, Thèse de doctorat. Toulouse, 1879.
(3) Van Wetter, *op. cit.*

Nous avons déjà fait entrevoir qu'il existe sur ce point une très grande controverse provenant du défaut absolu de textes, nous avons encore vu que ce dernier fait constitue un argument en faveur de ceux qui soutiennent que la lésion n'est pas une cause de rescision.

Dans le silence des textes, les commentateurs ont discuté : les uns disent que la lésion doit être, comme en matière de vente, d'outre moitié (1) ; cette opinion est basée sur l'assimilation que certains textes font entre la vente et le partage (loi 1, C. III, 38).

Une autre opinion admet qu'une lésion minime suffit ; en effet, le droit romain exigeait dans le partage l'égalité... *quid in aequaliter factum est in melius reformabitur*, dit la loi 3, C. III, 38 ; une lésion d'outre moitié n'est donc pas nécessaire pour la rescision du partage comme pour celle de la vente (2). Mais comme il fallait cependant un préjudice assez notable, *de minimis non curat praetor*, on a fixé le quart ; cette fixation n'est pas absolument arbitraire, elle est basée sur une constitution de Justinien relative au fidéicommis *de eo quod supererit*, laquelle fixe au quart la quotité qui doit être restituée au fidéicommissaire.

Enfin une dernière opinion qui ne fixe aucune limite mais qui exige que la lésion soit grave, se base sur la loi 3, C. III, 38, qui admet sans limitation de taux la réformation des partages.

(1) Thibaut, *System*, II, 880.
(2) Van Wetter, *Droit romain*, I, § 249, I, D. note 11 et les auteurs qu'il cite.

B. *Ancien droit Français.* — La lésion n'avait pas été admise par les Germains comme cause de rescision dans les contrats (1). C'est sous l'influence du droit Romain et du droit canonique qu'elle devint une cause de rescision de la vente et du partage dans toutes les coutumes. Ce principe qui, en ce qui concerne le partage, avait été méconnu par quelques commentateurs, comme n'existant pas en droit Romain, ne fait plus aucun doute dans l'ancien droit français. Mais si la lésion fut admise, son taux ne fut point déterminé.

Jusqu'au XVIe siècle la question semblait indécise entre les deux opinions que nous avons rencontrées déjà en droit Romain.

La première soutenue par tous ceux qui n'assimilaient pas le partage à la vente pour le taux de la lésion, se contentait d'une lésion même inférieure à la moitié. C'était le système de la coutume de Bretagne et de quelques auteurs (2).

Dans l'autre on soutenait que la lésion devait être comme en cas de vente d'outre moitié. Les arguments

(1) *Recueil des capitulaires*, livre 5. Capitulaire, 362 : « nemo propter hoc conditionis firmitatem irrumpat, quod dicit se vili pretio vendidisse ».

(2) Poullain du Parc, *Principes du Droit*, IV, p. 180 : « l'égalité étant essentielle aux partages, il résulte que si elle a été viciée, le partage pèche dans son essence ... c'est sur ce motif que la lésion au delà du sixième suffit pour la rescision d'un partage ». Papon, lieutenant général au bailliage de Montbrison : *Arrêts*, livre XV, titre 7, art. 6 : « la Cour a accoustumé de recevoir restitution en entier contre partages faits entre majeurs dans les dix ans de l'ordonnance, sous la déception d'outre le quart de juste portion qui vient à un ».

sont les mêmes que ceux donnés par les commentateurs pour le droit Romain : l'assimilation que certains textes font entre la vente et le partage.

Le Parlement de Paris en 1524 et 1547 a décidé qu'une lésion notable suffirait (1).

Au XVIᵉ siècle, l'opinion qui demandait une lésion notable paraît vouloir fixer un taux, afin d'empêcher l'arbitraire.

Ainsi Lebrun nous dit que malgré l'opinion généralement admise et soutenue qu'il faut une lésion d'outre moitié en cas de partage comme en cas de vente, il croit ne pas devoir l'admettre parce que il est non seulement de l'intention des copartageants mais même de l'essence des partages, que chacun des cohéritiers trouve dans ce qui lui est donné, la juste valeur de ce qui lui appartient. Autre part Lebrun dit : que la plupart des docteurs se contentent d'une lésion d'un quart au total (2).

A côté nous voyons apparaître un autre taux, celui d'un tiers (3).

De ces deux derniers systèmes, l'un qui fixait la lésion au quart et l'autre au tiers du total, est sorti un troisième qui fixe la lésion du tiers au quart (4).

(1) Guy-Coquille, *Questions de droit*, n. 157. En motivant cette jurisprudence, il dit que l'assimilation faite entre le partage et la vente est erronée ; Coquille conclut que la lésion de plus de moitié ne peut être appliquée et qu'une lésion notable suffit.

(2) Lebrun, livre IV, chap. I, n. 53.

(3) Faber, *De error. pragmatic.*, déc. 8, Error, 1.

(4) Henrys, liv. IV, quest. 173, n. 5 et Boucher d'Argis sur Bretonnier.

La jurisprudence s'est emparée de ce système et l'a appliqué dorénavant dans toutes ses décisions ; de cette manière le droit commun paraît être définitivement fixé au taux du tiers au quart.

Si nous résumons l'influence de l'ancien droit au point de vue de la fixation du taux de la lésion, nous voyons que les auteurs et la jurisprudence sont unanimes à vouloir établir pour le partage un taux inférieur à celui de la vente et à vouloir fixer ce taux dans les environs du quart. C'est de là que sortira le taux de plus du quart adopté pour le Code civil.

CHAPITRE II

DROIT INTERMÉDIAIRE ET PRÉPARATION

DU CODE CIVIL.

A. *Droit intermédiaire*. — Le législateur de la Révolution a supprimé le principe de la rescision pour lésion
en matière de vente par la loi du 14 fructidor an III qui
abolit pour l'avenir l'action en rescision pour lésion
des contrats de vente ou équipollents à vente ; cette loi
eut un effet rétroactif jusqu'au 3 germinal an V.

Le principe de la rescision des partages subsista
néanmoins dans cette nouvelle législation : la loi de
Fructidor ne parle en effet que de la vente.

D'ailleurs quelle que soit la cause qui a déterminé le
législateur intermédiaire à décréter la loi de Fructidor,
jamais les critiques faites à l'action en rescision n'ont
été dirigées contre la rescision en matière de partage ;
le principe de l'égalité est en cette matière reconnu
plus que jamais par tout le monde et il impliqua nécessairement la reconnaissance de la lésion comme un
vice.

Le droit intermédiaire n'apporte donc aucune modification au droit ancien en ce qui concerne le principe :

la lésion vicie le partage ; il ne modifie rien non plus en ce qui concerne la quotité requise pour que la lésion vicie ce contrat. Mais nous avons vu déjà qu'à cette époque disparaissent les différences de forme antérieurement admises entre l'action en rescision pour cause de lésion et l'action en nullité.

B. *Préparation du Code civil.* — Les rédacteurs du Code civil se sont trouvés en présence de deux systèmes opposés sur la théorie de la lésion : l'un celui de l'ancien droit qui avait des tendances à donner à la lésion un effet assez large et l'autre celui de la loi de Fructidor qui restreignait sensiblement son domaine (1).

De cette incertitude est résulté le système adopté par la commission nommée par le gouvernement à l'effet de préparer un projet de Code civil : les mineurs pourront toujours attaquer les conventions par eux passées pour cause de lésion, tandis que les majeurs ne le pourront qu'exceptionnellement : les actes rescindables seront pour eux seulement la vente d'immeuble et le partage.

La lésion de plus du quart dans les partages donne lieu à l'action en rescision, tel est le principe contenu dans le projet de l'an VIII.

Un seul tribunal, au cours de la consultation qui fut

---

(1) L'ancien droit admettait la lésion comme cause de rescision dans : 1° Toutes les conventions au profit des mineurs. 2° Pour les majeurs dans le partage et dans tous les contrats relatifs aux immeubles et peut-être même aux meubles d'une très grande valeur. Par extension dans la vente au profit de l'acheteur

sollicitée dans toute l'étendue du territoire, s'éleva contre l'admission de l'action en rescision pour cause de lésion dans les partages consentis entre majeurs, c'est le tribunal de Rouen ; il appuyait son opinion, d'une part, sur le fait que les copartageants majeurs peuvent se mettre eux-mêmes en garde contre la lésion en ne consentant pas à un partage qui serait entaché de ce défaut, et d'autre part, sur le fait que la disposition ne ferait qu'augmenter la discorde entre cohéritiers par les chicanes qu'ils pourraient se susciter entre eux.

L'accord cessa lorsqu'il s'agit de fixer le taux de la lésion. Ainsi, à la Cour de cassation, on proposa un sixième ; le tribunal de Rennes proposa un cinquième. La commission repoussa les deux opinions en disant qu'il ne fallait pas exposer les partages à être souvent attaqués, comme ils ne manqueraient pas de l'être si on adoptait une quotité aussi minime ; les règles tendant à assurer la stabilité de la propriété dans le patrimoine ne sauraient être trop rigoureuses.

Enfin le tribunal de Lyon émit même le vœu de n'admettre la lésion de plus du quart que dans les partages d'immeubles, en faisant observer que toute lésion en matière de partage de meubles ou d'argent, est une erreur de calcul toujours réparable. Mais cette observation ne prévalut point dans le sein de la commission.

Le projet primitif présenté par le gouvernement fut voté successivement par le Conseil d'Etat, le Corps lé gislatif et le tribunat sans subir aucune modification (1).

(1) Le projet fut présenté au nom de la section de législation dans la séance du Conseil d'Etat du 22 frimaire an XI, le Conseil d'Etat discuta la section V, le 23 nivôse, et la communiqua le 8 ventôse à la section du tribunat qui fit ses observations, à la suite desquelles s'engage une conférence entre cette section et la section du Conseil d'Etat.

Le 15 germinal, on tomba d'accord sur la rédaction définitive qui fut présentée au Corps législatif le 19.

Le projet fut renvoyé au tribunat le 22 ; Chabot fit son rapport le 26 et on obtint le vote le 28. Le lendemain, il fut renvoyé au Corps législatif qui le vota immédiatement. Le projet passa aussi par toute la filière légale sans subir aucune modification; et c'est le 9 floréal an XI que le livre III fut promulgué. C'est donc depuis cette époque que nous sommes placés sous le régime de la législation actuelle.

DEUXIÈME PARTIE

LÉGISLATION ACTUELLE.

CHAPITRE PREMIER

CALCUL ET ESTIMATION DE LA LÉSION.

Le texte fondamental de notre législation actuelle est l'article 887 du Code civil qui porte : *Il peut aussi y avoir lieu à rescision lorsqu'un des cohéritiers établit à son préjudice une lésion de plus du quart.*

Il faut donc pour triompher dans son action que le cohéritier lésé établisse à son préjudice une lésion dépassant le quart par rapport à ce qu'il aurait eu si le partage avait été fait sur le pied de la plus stricte égalité. Prenons un exemple. Une succession de 100,000 francs à partager entre cinq cohéritiers par parts égales ; un partage dans lequel l'égalité absolue est respectée devra donner 20,000 francs à chaque cohéritier. Pour apprécier s'il y a lésion, pouvant entraîner la rescision, il faut prendre la valeur du lot du copartagé lésé et la comparer à la valeur du lot de 20,000 francs que nous appellerons lot idéal. Si le complément entre la valeur du lot réel et la valeur du lot idéal dépasse le quart de la valeur du lot idéal, la lésion est de plus du quart et le partage est rescindable. Dans l'exemple que nous avons pris, il suffit que le cohéritier qui se prétend lésé obtienne moins de 15,000 francs pour que l'action en rescision lui soit accordée.

Si la lésion ne dépasse pas le quart, si même elle est juste du quart, on ne pourra point faire rescinder le partage, même si l'un des cohéritiers a été particulièrement favorisé, au détriment des autres, en recevant plus d'un quart en sus de ce qu'il devait avoir.

Dans notre exemple, serait valable le partage dans lequel chacun des quatre cohéritiers aurait obtenu 15,000 francs et le cinquième 40,000 francs. C'est ce cas qui a paru une anomalie à certains auteurs et leur a fait dire que ce n'est pas la règle de l'égalité qui inspire le législateur, lorsqu'il considère la lésion comme une cause de rescision.

Nous reconnaissons le défaut ou plutôt l'insuffisance du système de l'article 887 du Code civil, l'égalité est ici relative. Mais le législateur a été forcé de fixer un certain taux à la lésion, ainsi que nous l'avons déjà dit plus haut, pour mettre les partages à l'abri d'une instabilité trop fréquente.

Ajoutons aussi que l'on peut trouver un correctif pour faire annuler un partage fait dans les conditions supposées ci-dessus ; il arrivera souvent en effet qu'un vice d'erreur, de violence ou de dol accompagnera le consentement du copartageant lésé du quart ou de moins du quart, et qu'il pourra faire annuler, dans ce cas, par l'action en nullité, un partage qui était à l'abri de l'action en rescision pour cause de lésion.

A quelle époque faut-il se placer pour voir s'il y a lésion ? L'article 890 du Code civil s'exprime ainsi : *Pour juger s'il y a lésion on estime les objets suivant leur valeur à l'époque du partage.*

Il faudra considérer la valeur réelle des biens au moment du partage et eu égard à cette valeur, estimer la valeur des biens compris dans le lot du demandeur pour voir s'il y a lésion.

Il peut donc arriver fréquemment qu'un cohéritier, qui a été lésé à l'époque du partage, mais dont la part héréditaire s'est augmentée depuis par suite d'une plus-value, ait le droit d'intenter une action en rescision ; ou bien qu'un copartageant, qui, au moment du partage, n'avait subi aucune lésion, n'ait pas d'action même si les biens compris dans son lot ont diminué de valeur.

Quels biens doit-on comprendre dans la masse des biens sur lesquels on calcule la lésion ? Les cohéritiers ont toujours le droit de faire plusieurs partages partiels. Aucune difficulté n'en résultera, lorsque les partages partiels seront faits à la même époque, car pour calculer la lésion, on comprendra, pour un moment, les lots que le cohéritier qui se prétend lésé a obtenus dans les différents partages partiels, on en calculera la valeur eu égard à la valeur totale des biens qui ont été compris dans les partages et on établira s'il existe une lésion.

Il peut pourtant se présenter une hypothèse qui donnera lieu à une difficulté : un partage partiel a eu lieu et pour le surplus les cohéritiers consentent à rester dans l'indivision ; un des cohéritiers subit une lésion de plus du quart dans ce partage partiel. On ne peut lui refuser l'action en rescision sur le motif que le partage est partiel ; mais pourrait-on la lui refuser sur le motif que le partage des biens restés indivis le dédommagera de la lésion subie dans le partage ? Certainement non. Un partage a eu lieu, il y a lésion, l'action en rescision est ouverte, on ne peut l'empêcher sous aucun prétexte ; enfin, présumer que le partage des biens restés en indivision, corrigera l'inégalité du partage partiel, c'est dire que l'on fera un partage dans lequel l'égalité ne sera pas respectée, ce que l'on n'a pas le droit de faire.

On devra comprendre dans le calcul non seulement les biens existants dans la succession mais même les rapports faits par les cohéritiers ; non seulement en nature mais même les rapports fictifs (1). Les biens qui

______

(1) Paris, 18 mai 1839, confirmé par un arrêt de rejet du 19 avril 1842, Dalloz, *Rép.*, V° *Succ.*, 2200. Jugé ainsi dans le cas où des cohéritiers se sont partagé la succession de leur père et les biens de leur mère qui leur en a fait abandon de son vivant sans rapporter les dots

sont sortis de la succession par donation faite par préciput et hors part ne seront jamais pris en considération pour savoir si les copartageants ont été lésés (1).

Parmi les biens existants, on comprendra les actions et valeurs industrielles et même les créances (2) car tous ces biens forment la masse partageable.

On doit rapprocher de la masse ainsi constituée, la valeur des biens qui ont été attribués aux copartageants à titre de prélèvement et c'est sur les lots ainsi formés qu'il faut rechercher s'il y a lésion (3).

Tout le monde n'est d'ailleurs pas d'accord pour admettre les prélèvements en ligne de compte. La controverse provient de ce que l'auteur du prélèvement agit, dit-on, comme créancier. Il faut répondre que celui qui prélève agit bien en effet en tant que créancier, mais il n'en conserve pas moins sa qualité de copartageant, et la preuve en est qu'il exerce son prélèvement en nature. A cet argument de raison on ajoute un argument de

qu'ils ont reçues mais qui ont été tacitement comprises dans le lot de chacun. *Sic* Laurent, X, n. 501 ; Huc, V, n. 469.

(1) Nîmes, 8 novembre 1864, Sirey, 1865.2.74.

(2) Bordeaux, 14 février 1888, *Rec. de Bordeaux*, 1888.1.125. On avait dans l'espèce soutenu le contraire en tirant argument de l'article 1220 du Code civil aux termes duquel les créances se divisant de plein droit entre les héritiers, elles ne devraient pas figurer dans la masse à partager. Mais la Cour répond avec raison que l'article 1220 n'a en vue que le rapport des cohéritiers envers les débiteurs de la succession tant que ces rapports ne sont pas modifiés par un partage ultérieur. *Sic* Baudry-Lacantinerie et Wahl, *Successions*, III, n. 4521 et 4527.

(3) Baudry-Lacantinerie et Wahl, *Succ.*, III, n. 4532 *bis* et note 7 ; *Contra*, Demolombe, XVII, n. 428.

texte : le Code civil a intimement lié le prélèvement au partage ; il suffit pour s'en convaincre de remarquer la place qu'occupent dans le Code les textes relatifs à cette matière, ce sont les articles 828 et 829 placés dans la section des partages de succession et l'article 1470 placé dans la section des partages de communauté. Cela indique bien que le législateur entend considérer les prélèvements comme une des opérations du partage.

Enfin on a encore objecté que si on calcule la lésion sur les prélèvements et les lots, on la calcule d'une manière différente à l'égard des copartageants. L'objection porte, mais elle n'est d'aucune importance : les attributions, elles aussi, sont différentes.

Ajoutons qu'il faudra tenir compte des prélèvements exercés par les copartageants à la suite d'un rapport en moins prenant imposé à l'un d'eux. La jurisprudence (1) a décidé que l'on doit procéder de la même manière, même si les prélèvements des cohéritiers absorbent toute la masse.

C'est le juge du fait qui procède lui-même à l'estimation et qui prononce la rescision du partage s'il y a lésion de plus du quart. Il a en cette matière un pouvoir d'appréciation souverain et qui échappe au contrôle de la Cour suprême. Il peut trouver dans les faits même de la cause la preuve du bien fondé ou du mal fondé de la demande (2), sans recourir à une expertise;

(1) Paris, 4 mars 1874, Dalloz, 1875. 2. 19.
(2) Riom, 29 octobre 1888, Dalloz, 1890. 2. 330.

il peut au contraire, s'il n'est pas dès à présent suffisamment édifié, recourir à ce moyen d'instruction ou
même à une enquête s'il le juge utile.

Le juge est donc maître absolu, c'est le droit commun
et on n'applique point, en matière de partages, la disposition exceptionnelle relative à la vente, contenue
dans l'article 1678 du Code civil, en vertu de laquelle
la lésion ne peut être établie que par une expertise con-
fiée à trois experts. La jurisprudence et la doctrine sont
généralement d'accord sur ce point (1).

(1) Notons cependant 3 décisions en sens contraire :

1º Un arrêt de la Cour d'Aix du 16 décembre 1886, *Bull. judic. d'Aix*,
1887, 161 qui paraît exiger une expertise pour calculer la valeur des
biens attribués au demandeur.

2º Un arrêt de la Cour de Montpellier du 28 juillet 1830, Dalloz, *Rép.*,
Vº *Succ.*, nº 2192, interdit au juge d'ordonner une expertise dans le cas
où les faits articulés ne font pas supposer la lésion.

3º Enfin un arrêt de la Cour de Nîmes du 19 floréal an XIII qui décide
que l'expertise doit être ordonnée alors même que la lésion résulterait
d'ores et déjà des faits de la cause.

CHAPITRE II

L'action en rescision est admise contre tout acte qui a pour objet de faire cesser l'indivision entre cohéritiers, dit l'article 888 du Code civil. Il suffit donc qu'il y ait un acte ayant pour but de faire cesser l'indivision pour que l'action soit admissible.

SECTION 1. — **Partages proprement dits.**

§ 1. — **Partage amiable ou judiciaire.**

Le partage quelle que soit sa forme, amiable ou judiciaire, est rescindable pour cause de lésion de plus du quart.

On a soutenu que le partage fait en justice n'était pas rescindable pour cause de lésion ; et l'on a argumenté dans cette opinion de l'article 1684 du Code civil qui n'admet pas la rescision pour lésion des ventes faites, par autorité de justice. Il nous suffira de répondre que c'est là une règle exceptionnelle qui ne doit point, dans le silence des textes relatifs au partage, être étendue à cette matière.

Dans l'ancien droit cette règle avait pourtant prévalu ;
on disait que comme dans le partage judiciaire les lots
étaient tirés au sort cela évitait toute fraude et on refu-
sait l'action (1).

Mais cet argument est bien peu décisif, car le tirage
au sort ne fait pas disparaître la lésion pour le cohéritier dont le lot n'aura pas une valeur égale à celle qui
lui est attribuée (2).

Pourtant il ne faut pas exagérer le principe et admettre la rescision pour cause de lésion à l'encontre de
l'autorité de la chose jugée ; si par exemple, à propos
d'une contestation sur la valeur des biens un jugement
passé en force de chose jugée était intervenu fixant cette
valeur, on ne pourrait pas exercer ultérieurement une
action en rescision où cette valeur serait remise en
question, sans méconnaître l'autorité du jugement.

La Cour de cassation s'est prononcée en ce sens dans
un arrêt du 7 août 1876, en refusant d'admettre l'action
en rescision contre un partage qui avait fait l'objet
d'un jugement d'homologation (3).

---

(1) Guy-Coquille, *Ouestions et réponses sur les coutumes,* chap. LVII.
(2) Demolombe, XVII, n. 426 ; Hureaux, V, n. 17 et 39 ; Le Sellyer,
III, n. 1877 ; Ducaurroy, Bonnier et Roustain, II, n. 801. Dans l'ancien
droit Pothier, *Successions,* ch. II, art. 6 et Lebrun, liv. IV, chap. I.
(3) Sirey, 1877.1.466. Il faudrait se garder de considérer dans toutes
les hypothèses les jugements d'homologation comme ayant l'autorité de

§ 2. — **Partage partiel quant aux biens.**

Le partage partiel quant aux biens est rescindable pour cause de lésion tout comme un partage total.

Nous avons vu que, dans le cas de plusieurs partages partiels, pour calculer la lésion, il faut combiner les divers partages, c'est-à-dire compenser les lots qu'un cohéritier avait obtenus dans les différents partages et voir s'il en résultait une lésion.

Cette opinion se montre fort respectueuse du principe de l'égalité du partage et on la trouve très bien développée dans un arrêt de la Cour de Rouen (1).

Si on fait plusieurs partages partiels, on doit les considérer, dit-on, comme faisant partie d'un partage total, or si dans ce partage total l'égalité est respectée, la loi est satisfaite et quoique les partages partiels soient inégaux, on ne peut accorder l'action en rescision. Supposons même qu'on l'accordât. Ce serait, non seulement reconnaître une lésion qui n'aura t rien de réel mais peut-être en faire naître une dans le partage définitif, et dans ce cas, en rescindant un partage partiel, on arriverait à rescinder un partage total qui est fait sur un pied d'égalité (2).

la chose jugée ; c'est le contraire qui est la règle, ainsi que nous le verrons plus loin, car l'homologation est le plus souvent une simple formalité contre laquelle aucune contestation n'est élevée.

(1) Arrêt du 4 mars 1838, confirmé par un arrêt de rejet du 27 avril 1841, Dalloz, *Rép.*, V° *Succ.*, 2199.

(2) Laurent, X, n. 482 ; Baudry-Lacantinerie et Wahl, *Successions,* III, n. 4145.

Pourtant on a soutenu que l'action en rescision étant donnée contre un partage partiel, elle devait être tout à fait indépendante, parce que l'acte lui-même que l'on attaque est indépendant (1).

Cette indépendance n'existe, d'après nous, que lorsque le partage partiel est isolé, et non pas lorsque l'acte que l'on attaque fait partie d'un groupe de plusieurs partages simultanés car, dans ce cas, ils forment à eux tous un partage et c'est ce partage qui devra ou non être rescindé.

Mais dans le cas où les partages partiels sont successifs, c'est-à-dire lorsqu'il se passe un certain temps entre chacun, nous ne pouvons pas refuser l'action en rescision immédiate contre chacun de ces actes considérés isolément. Tout ce que l'on peut dire, c'est que le juge appelé à se prononcer sur la rescision d'un tel partage, peut surseoir à statuer s'il existe une demande en partage total pour pouvoir apprécier la lésion par rapport à la valeur totale des biens héréditaires ; il devra aussi, toutes les fois qu'il se trouve en face d'un pareil partage, prendre en considération les biens qui ont fait l'objet d'un partage précédent pour calculer la lésion. A cela on ne peut pas objecter qu'il n'est pas permis de revenir sur un acte valablement fait par l'accomplissement d'un acte nouveau ; on ne revient

____

(1) Nimes, 30 messidor an XIII, D. P. 6.2.230 ; Duranton, VII, n. 576 ; Rolland de Villargues, V° *Licitation*, n. 10 et s. ; Demolombe, XII, n. 428 ; Thiry, II, n. 260.

pas sur l'acte de partage fait antérieurement auquel on conserve toute sa validité, mais on le consulte seulement pour pouvoir apprécier la lésion dans un nouveau partage (1).

La question de savoir si l'action en rescision est accordée contre un partage partiel est indépendante, à notre avis, de celle de savoir sur quels biens il faut faire l'appréciation de cette lésion ; c'est peut-être en les confondant que l'on est arrivé à dire que l'action en rescision n'est pas accordée contre un partage partiel considéré isolément.

On peut accorder l'action en rescision contre un pareil partage et dire que l'appréciation de la lésion doit porter sur tous les biens déjà partagés le fussent-ils par un ou plusieurs partages précédents (2).

§ 3. — Partage partiel quant aux personnes.

Le partage qui ne fait cesser l'indivision qu'entre certains cohéritiers est-il rescindable pour cause de lésion ?

L'article 888 du Code civil ne s'oppose pas à l'admis-

----

(1) Dutruc, n. 620.

(2) Il ne faut pas confondre le partage partiel avec le partage de jouissance que la loi appelle partage provisionnel ; ce partage, comme son nom l'indique d'ailleurs, est une opération provisoire que l'on peut faire cesser à tout moment par une demande en partage définitif, il n'y a donc pas lieu ici d'accorder l'action en rescision : l'héritier qui se prétendra lésé dans un partage de jouissance, aura l'action en partage pour faire cesser le préjudice.

sion de l'affirmative car en parlant de l'acte qui a pour objet de faire cesser l'indivision entre cohéritiers, il semble avoir voulu opposer les mots *entre cohéritiers* à ceux *entre les cohéritiers*. Cet argument exclut l'opinion de ceux qui disent que l'acte doit intervenir entre tous les cohéritiers (1).

L'article 887 du Code civil est, d'après Laurent, plus décisif encore, il veut que l'action en rescision soit accordée toutes les fois qu'il y a partage ; or même dans le cas où l'indivision ne cesse qu'à l'égard de certains cohéritiers, il y a partage, et s'il y a partage, il y a action en rescision ; l'indivision qui continue à l'égard d'un ou plusieurs cohéritiers ne procure pas la réparation du préjudice à celui qui est lésé.

Enfin l'article 889 du Code civil fournit un argument péremptoire à l'opinion que nous soutenons : cet article reconnaît que la cession de droits héréditaires intervenue entre quelques-uns des héritiers est susceptible de rescision toutes les fois qu'elle n'est pas faite sans fraude et sans garantie.

Tous les auteurs (2) et la jurisprudence de la Cour de cassation sont en ce sens.

Il existe pourtant quelques arrêts de cours d'appel et un arrêt de la Cour de cassation en sens contraire (3).

____

(1) Aubry et Rau, VI, p. 626, n. 14 ; Demolombe, XVII, n. 430 ; Demante, III, n. 232 *bis*, III ; Baudry-Lacantinerie et Wahl, *Succ.*, III, n. 4550 *bis* ; Huc, V, n. 466. Alger, 4 avril 1877, D. 1879.2.86. Cass., 28 juin 1859, S. 59.1.753.

(2) V. cep. Dutruc, n. 36 et 609.

(3) Montpellier, 6 mars 1831, S. 1831.2. 278 et 9 juin 1852, D. 1854.

Dans tous ces arrêts, on dit que l'acte qui fait cesser l'indivision à l'égard de certains cohéritiers n'est pas un partage et par suite ne peut être rescindé ; pour soutenir cela on s'appuie sur l'article 883 du Code civil qui exige que l'indivision cesse à l'égard de tous les cohéritiers pour que l'acte puisse avoir les effets du partage. Mais il n'y a pas lieu de faire ici l'application de l'article 883, cet article détermine les effets du partage, ce sont les droits des tiers qui sont alors en cause, en outre il s'agit d'une fiction ; deux raisons pour ne pas étendre la disposition de l'article quand il s'agit d'accorder ou de refuser l'action en rescision.

§ 4. — Partages de créances.

Une controverse s'est élevée à propos du partage qui comprend uniquement des créances. On a dit que l'action en rescision doit être refusée en pareil cas pour le motif que le partage n'est pas possible. On se base, pour soutenir cette opinion, sur l'article 1120 du Code civil qui, dit-on, fait un partage légal des créances héréditaires entre les cohéritiers. Cette opinion est généralement abandonnée aujourd'hui : on s'accorde à reconnaître que l'article 1220 ne fait qu'un partage provisoire et n'est qu'une règle d'obligation aux dettes, il fixe la part que chaque héritier peut se voir récla-

2.172 ; Alger, 26 février 1866 sous Cass., 22 juin 1868, S. 1868.1.209 ; Cass., 15 décembre 1832, *D. R.*, V° *Successions*, n° 2289.

mer par les créanciers qui ne sont pas forcés de connaître la répartition que les cohéritiers ont faite entre eux.

L'action en rescision est donc admise contre un partage qui ne comprendrait que des créances et celles-ci entrent dans l'estimation des lots (1).

Un auteur (2) qui est le principal défenseur de l'opinion que nous avons repoussée, considère le partage de créances comme frappé de nullité absolue par suite du défaut de cause, il en conclut que point n'est besoin d'intenter l'action en rescision s'il y a lésion. On a fait remarquer, avec raison, combien cette solution était étrange : on arrive, en effet, à déclarer nul, de nullité absolue un acte qu'on se refuse à considérer comme nul d'une nullité relative.

SECTION II. — Actes autres que partages.

L'action en rescision est admise contre tout acte qui a pour objet de faire cesser l'indivision entre cohéritiers, encore qu'il fût qualifié de vente d'échange et de transaction ou de toute autre manière, dit l'article 888 du Code civil.

Cette disposition, en étendant l'action en rescision à tout acte qui fait cesser l'indivision entre cohéritiers,

---

(1) Bordeaux, 14 février 1888, précité.
(2) Demolombe, XII, n. 415.

déjoue à l'avance les calculs des parties qui en donnant la qualification et l'apparence d'un autre contrat à leur acte, croiraient se soustraire à la disposition de l'article 887. Il n'y a absolument aucun doute sur ce point, tout le monde est d'accord pour interpréter le plus largement possible l'article 888. Lors des travaux préparatoires, Chabot dans son discours au Tribunat disait : « Pour qu'on ne puisse pas éluder la loi en donnant à l'acte de partage une autre dénomination, elle dispose que tout acte qui aura pour objet de faire cesser l'indivision entre cohéritiers sera considéré comme un partage » (1).

Mais telle n'est pas la principale raison d'être de notre article : son but est d'accorder l'action en rescision pour cause de lésion non seulement contre un partage déguisé sous le nom d'un autre contrat, mais même contre tout contrat ou tout acte qui ferait cesser l'indivision malgré le caractère de sincérité absolue qui s'attacherait à la dénomination que lui ont donnée les parties (2).

Parmi ces contrats ou actes, il convient de citer particulièrement la vente ou cession de droits successifs, la licitation, l'échange, la transaction et encore quelques autres conventions innomées.

____

(1) Locré, V, p. 126, rapport 62.
(2) Laurent X, n. 481 ; Baudry-Lacantinerie et Wahl, *Succ.*, III, n. 4551.

§ 1. — De la vente ou cession de droits successifs.

La cession de droits successifs ou la vente d'une hérédité est une transmission d'une hérédité considérée comme universalité. Elle est une vente, mais elle peut aussi être un partage (arg. art. 888).

Pour que la cession de droits successifs tombe sous l'article 888 et qu'elle soit rescindable pour cause de lésion de plus du quart il faut qu'elle ait le caractère d'un partage ; dans le cas où elle constitue une vente, la cession de droits successifs ne serait rescindable que dans les termes de l'article 1674. Il y a donc un intérêt primordial à déterminer le caractère de la cession. Voyons donc quel est le critérium qui permettra au juge de décider ?

Pour déterminer le caractère du contrat, le juge aura à rechercher si les parties ont entendu faire un contrat offrant un aléa ou si au contraire elles ont entendu faire un contrat purement commutatif. Si elles ont entendu faire un contrat aléatoire, la cession devra être qualifiée *vente* ; dans le cas contraire elle sera qualifiée partage.

Mais comment discerner si les parties ont voulu ou non faire un contrat aléatoire ? Pour cela le législateur met à notre disposition un texte, c'est l'article 889 du Code civil, qui nous fournit une réponse immédiate à notre question. Cet article refuse l'action en rescision dans le cas où la cession est faite sans fraude et aux risques et périls du cessionnaire ; la jurisprudence et la doctrine n'hésitent pas à décider que si l'action en rescision est refusée dans ce cas, c'est précisément parce que le contrat qui lie les parties a un caractère aléatoire. D'où il faut conclure que chaque fois qu'il y aura eu stipulation de cette clause, la vente devra être présumée, et au contraire chaque fois qu'il n'y aura pas de stipulation de cette nature, c'est le partage qui devra être présumé.

Il importe peu que la cession n'embrasse qu'une partie des biens auxquels le cohéritier cédant a droit, ou encore qu'elle soit une opération conclue entre deux ou quelques-uns des cohéritiers. On suit ici des règles analogues à celles que nous avons étudiées ci-dessus à propos du partage proprement dit.

Examinons donc de suite quelle est la portée exacte de cet article 889 du Code civil, puisque dans toutes les hypothèses où il sera applicable, la cession de droits successifs entre cohéritiers, considérée comme une vente, ne sera pas rescindable pour cause de lésion.

Pothier admettait déjà cette exception en la justifiant par le caractère aléatoire que présente la cession de droits successifs faite aux risques et périls de l'acheteur.

Lors de la discussion du Code civil la commission du gouvernement dans son projet écrivit l'article 889 (214 du projet) tel qu'il est demeuré dans le texte définitif (1).

(1) Les cours et tribunaux consultés sur le projet avaient tous accepté en principe cette exception : c'est à peine si quelques observa-

Comme toutes les dispositions exceptionnelles, l'article 889 doit être strictement interprété, et pour cette raison, il ne pourra être appliqué que dans les cas où la cession présentera toutes les conditions fixées par a loi. Quelles sont donc ces conditions ?

1re *Condition*. — Il faut que la cession ait pour objet une vente de droits successifs, c'est-à-dire une universalité.

Faut-il que la cession ait pour objet toute l'hérédité ou plutôt tous les droits que le cédant peut avoir dans la succession ? On décide aujourd'hui avec la jurisprudence et la doctrine que non (1).

Car d'une part, le caractère aléatoire existe aussi bien dans une vente partielle que dans une vente totale et c'est justement ce caractère qui justifie l'exception ; d'autre part, il arrive très fréquemment, et cela même se comprend très bien, que le cohéritier qui vend ses droits héréditaires se réserve certains objets de l'hérédité (2) ; le plus souvent même les cohéritiers font entre

tions de détail furent présentées, qui furent repoussées par la commission du gouvernement.

(1) Cass., 11 mars 1856, Dircy, 1857.1.201 ; Bordeaux, 26 février 1851, Dalloz, 1852. 2. 42 ; Pau, 30 janvier 1852, Dalloz, 1853. 2. 57. Un arrêt de la Cour de Dijon du 9 mars 1830 qui admit le contraire fut cassé le 22 août 1831, Dalloz, 1831.1.331. Voyez cependant parmi les auteurs : Toullier, IV, n. 579 ; Chabot, art. 889, n. 2 ; Fouet de Conflans, art. 889, n. 6 ; Fuzier-Herman, art. 889, n. 3 et Le Sellyer, III, n. 1916 qui sont d'avis contraire.

(2) Bordeaux, 26 février 1851, précité. *Sic* : Vazeilles, art. 889, n. 3. Aubry et Rau, VI, 626, n. 16 ; Dutruc, n 614 ; Demolombe, XVII, n. 446 ; Fuzier-Herman, art. 889, n. 4.

eux un partage partiel en nature, puis l'un d'eux cède seulement le reste de sa part héréditaire.

Si la cession porte sur des objets particuliers on sort du domaine de l'article 889. Il faudrait voir dans cet acte, en principe, une vente.

2ᵉ *Condition*. — Il faut que la cession soit faite aux risques et périls du cessionnaire ; c'est cette condition qui est de beaucoup la plus importante parce que c'est elle qui établit le caractère aléatoire de la cession.

On entend par risques et périls du cessionnaire, une condition en vertu de laquelle le cédant n'aura à garantir le cessionnaire d'aucune diminution ou éviction qu'il devrait supporter, soit de la part des créanciers, soit dans le cours des opérations ultérieures destinées à faire cesser l'indivision. Ainsi le cessionnaire aura à payer non seulement toutes les dettes afférentes à la part qu'il a acquise mais même celles dont l'existence n'aura pas été connue au moment de la cession (1).

Quand la cession sera-t-elle considérée comme faite aux risques et périls du cessionnaire ?

Deux cas peuvent se présenter: ou bien les parties auront stipulé expressément la clause dans l'acte de cession ou bien elles n'en auront rien dit.

1ᵉʳ *Cas*. — L'acte de cession est muet. Il s'agit de savoir si l'accord tacite des parties, pour considérer l'opération qu'elles ont faite comme un contrat aléatoire,

____

(1) Orléans, 24 mai 1831, Sirey, 1831.2.200 ; Lyon, 29 janvier 1836, Sirey, 1836.2.238 ; Bordeaux, 26 février 1851, précité.

sera suffisant pour imprimer à la cession le caractère d'une vente ?

La doctrine et la jurisprudence se décident généralement dans le sens de l'affirmative (1).Nous ne connaissons plus en effet, dans notre législation, sauf quelques exceptions qui ne peuvent être étendues, les contrats solennels ; hors de ces exceptions, le seul accord des volontés suffit à lier les parties, la constatation de cet accord dans un acte n'a d'utilité que parce qu'elle fournit aux parties un moyen de preuve. Si donc il est reconnu que les parties ont entendu faire entre elles un contrat aléatoire, le défaut d'insertion dans l'acte de la clause « aux risques et périls du cessionnaire » ne saurait faire perdre à l'opération son véritable caractère, pour lui imprimer le caractère d'un partage ; nous avons eu la précaution de dire au début de ces explications que dans les cas où la cession n'était pas faite avec la clause qui nous occupe elle devrait être présumée constituer un partage ; mais cette présomption est susceptible d'être combattue par la preuve contraire. Tout ce qu'on pourra dire c'est que ce sera à celui qui contestera à l'acte en ce cas le caractère d'un partage à faire la preuve de sa prétention.

Le juge du fait aura d'ailleurs pour trancher cette question un pouvoir d'appréciation souverain (2).

(1) V. cependant *Contrà*, Bordeaux, 26 février 1851 précité ; Chabot, art. 889, n. 2 ; Malpel, n. 314 ; Troplong, *Vente*, t. II, n. 790.

(2) Jugé en ce sens que constitue un contrat aléatoire, comme tel sera soumis à l'action en rescision, le partage dans lequel un des cohé

Dans le cas où, au moment de l'opération, l'actif de la cession est connu et le passif inconnu, la cession n'en conserve pas moins son caractère de vente aléatoire (1) ; mais si le passif était également connu, il semble qu'il n'y aurait plus place pour aucun aléa. Et pourtant on ne peut jamais affirmer que des créanciers jusqu'alors inconnus ne se révéleront pas ultérieurement.

Il reste une question à étudier, qui touche de très près à notre sujet. Les parties n'ont pas inséré dans l'acte de cession la clause « aux risques et périls du cessionnaire », et pourtant il est certain qu'elles ont entendu faire une vente et non point un partage. Le cédant sera-t-il exonéré de toute espèce de garantie envers le cessionnaire ? Nous ne le pensons pas. Dans toute espèce de vente, le vendeur est tenu à une garantie envers l'acheteur ; dans la vente ou cession d'une créance, il est tenu de garantir l'existence de cette créance au jour de la cession (art. 1693, C. civ.) ; dans la vente ou cession de droits héréditaires, il est tenu de garantir sa qualité d'héritier (art. 1696, C. civ.).

ritiers a reçu pour sa part héréditaire une somme à prendre sur le prix de la vente projetée des immeubles (Nîmes, 2 janvier 1855, Dalloz, 1855. 2.70).

Jugé également que la cession constitue un contrat aléatoire, lorsque le cédant agissant par mandataire ne s'oblige qu'à la garantie résultant des faits personnels du mandataire (Douai, 16 novembre 1853, Dalloz, 1855.2.89).

Jugé au contraire que ne constituerait pas un acte aléatoire la cession dans laquelle le cédant garantirait les dettes et les charges (Limoges, 19 novembre 1819, Dalloz, *Rép.*, V° *Succ.*, 2278).

(1) Lyon, 3 décembre 1828, Dalloz, *Rép.*, V° *Succ.*, 2281.

On devra ici appliquer purement et simplement le
droit commun, contenu dans l'article 1696 ; le cédant
sera donc, en cas d'éviction tenu de garantir seulement
sa qualité d'héritier. Si pourtant les parties avaient
spécifié les objets faisant partie de l'hérédité, le cédant
devrait la garantie de chacun des objets spécifiés.

2ᵉ *Cas*. — L'acte de cession porte la clause « aux risques et périls du cessionnaire » ou une autre mention
équivalente. Doit-on nécessairement considérer cet acte
comme un contrat aléatoire équivalent à une vente, ou
bien est-il permis d'en discuter le caractère et de déclarer que l'acte est un partage pouvant être soumis
comme tel à l'action en rescision ?

On a décidé (1) qu'il ne suffit pas pour échapper à la
disposition générale de l'article 888, que l'acte de cession contienne la clause aux risques et périls du cessionnaire. Si on le décidait ainsi, cette clause deviendrait en effet de style dans tous les actes de cette nature
et le principe contenu dans l'article 888 deviendrait
lettre morte. Il est évident que le législateur a voulu
que ces mots fussent l'expression d'une réalité, d'une
chance que l'acquéreur prenait à sa charge, d'un péril
et risque véritable qui, faisant de la vente de droits
successifs un contrat aléatoire, ne donnerait pas ouverture à son profit à l'action en rescision.

Quand il n'y a aucun péril, aucune chance aléatoire,

(1) Lyon, 29 janvier 1836, Sirev, 1836.2.238 ; Baudry-Lacantinerie
et Wahl, *Succ.*, III, n 4573, note 6.

les mots aux risques et périls du cessionnaire ne changent pas la réalité des choses, l'acte n'en reste pas moins un partage faisant cesser à ce titre l'indivision entre cohéritiers et soumis à l'action en rescision. Tous les auteurs et la jurisprudence sont unanimes en ce sens. Cette théorie est conforme à la règle générale qui, en matière d'interprétation des contrats, impose au juge le devoir de rechercher plutôt ce que les parties ont entendu faire, que de s'en rapporter à la qualification qu'elles ont adoptée pour désigner leur convention.

Il est certain d'ailleurs que dans l'exercice de son pouvoir d'appréciation le juge devra s'en rapporter aux énonciations de l'acte, c'est-à-dire qu'il devra considérer l'acte de cession comme constituant une vente jusqu'à ce que la preuve contraire lui soit rapportée.

3° *Condition*. — La cession doit être faite sans fraude.

Il faut avant tout préciser ce que la loi entend ici par fraude.

L'article 889 ne veut nullement parler du dol caractérisé ; ce cas reste tout à fait en dehors de l'hypothèse prévue et rentre dans la règle générale des nullités des conventions pour cause de dol.

Voici un exemple où une cession peut être entachée de dol et est soumise à l'action en nullité : il y a deux cohéritiers, l'un connaît l'état de la succession, il est sur les lieux, l'autre est absent et ignore aussi bien l'actif que le passif. Primus emploie des manœuvres frauduleuses pour engager son cohéritier à lui céder ses droits héréditaires, il y a évidemment ici dol dans le sens ordinaire du mot, puisqu'il est évident que Secundus n'aurait pas contracté sans les manœuvres employées par Primus ; le cessionnaire aura dans ce cas l'action en nullité pour cause de dol (1).

Ce que l'on entend par fraude en cette matière c'est le fait de vouloir se soustraire à l'action en rescision en cherchant à donner à la cession un caractère aléatoire lorsqu'en réalité elle ne l'a pas. La doctrine et la jurisprudence sont en ce sens (2).

Ainsi, il y aura fraude dans le sens de l'article 889 : 1° lorsque en dehors de toute manœuvre frauduleuse, le cessionnaire, qui connaissait les forces de la succession, alors que le cédant les ignorait, a fait introduire dans l'acte une clause qui devait le mettre à l'abri de l'action en rescision de la part du cédant (3) ; 2° et inversement lorsqu'en dehors de toute manœuvre frauduleuse, le cédant qui connaissait les forces de la succession alors que le cessionnaire les ignorait, a fait

(1) Laurent, X, n. 494.

(2) Le contraire a pourtant été décidé quelques fois dans des espèces où la fraude spéciale de notre texte a été confondue avec le dol du droit commun. Dans l'ancien droit on attribuait la même portée à la fraude exigée en cette matière. V. Lebrun, liv. IV, ch. I, n. 58. Pothier, *Successions*, ch. IV, art. 5.

(3) Laurent, X, n. 494 ; Aubry et Rau, VI, 626, note 18 ; Cass., 21 mars 1870, Sirey, 1870.1.317 ; Pau, 8 août 1837, Dalloz, *Rép.*, V° *Succession*, n° 2277 ; *Contra* : Alger, 30 juin 1892, *Revue Algérienne*, 1892, p. 457.

introduire dans l'acte une clause qui devait le mettre à l'abri de l'action en rescision de la part du cessionnaire (1).

Il ne faut pas assimiler à la fraude la simple négligence et dire que la partie qui, étant à même de connaître les forces de la succession, a négligé de s'en occuper, pourra, si elle a été lésée, intenter l'action en rescision, alors qu'aucune fraude ne peut être relevée contre son co-contractant (2).

Si les deux parties ont connu les forces de la succession au moment de la cession, il est plus difficile de voir comment il pourrrait y avoir place à une fraude.

Un auteur (3) est pourtant d'avis qu'il peut encore y avoir fraude dans cette hypothèse : mais envers qui ? Certainement pas de l'une des parties à l'encontre de l'autre, puisqu'elles avaient également l'une et l'autre une notion exacte de la valeur des droits cédés. Mais, envers la loi, répond le savant auteur ; la loi exige impérativement que tout acte équivalent à partage (ce qui est le cas parce que la cession n'est pas aléatoire) soit soumis à l'action en rescision pour cause de lésion, et il n'est pas permis de s'en affranchir au moyen d'une simulation quelconque.

(1) Huc, V, n. 468.
(2) V. en ce sens : Baudry-Lacantinerie et Wahl, *Successions*, III, n. 4577. V. cependant, *contrà*, Trib. civ. Avallon, 21 décembre 1892, *Gaz. Pal.*, 1893.1.68.
(3) Demolombe, XVII, n. 451

Nous ne voyons pas, pour nous, la nécessité de dire que l'article 889 a voulu parler de la fraude à la loi. La fraude à la loi résulte probablement dans l'idée de cet auteur de ce qu'un partage a été déguisé sous la forme d'un autre contrat, mais il suffit de répondre qu'il n'était pas nécessaire de prévoir spécialement cette hypothèse, puisque le législateur dit déjà dans l'article 888 que l'action est recevable à l'encontre de tout acte faisant cesser l'indivision, quelle que soit la qualification que lui ont donnée les parties.

Nous pensons donc que l'article 889 a voulu viser uniquement en parlant de la fraude, l'hypothèse où l'une des parties abuse de la connaissance exacte qu'elle a des forces de la succession, alors que l'autre n'en a pas une notion aussi exacte (1).

Toutes les fois que la cession de droits héréditaires remplira les conditions que nous venons d'étudier, elle ne sera pas soumise à l'action de l'article 887. Une pareille cession reste une vente ordinaire. Mais alors si elle constitue une vente ordinaire ne doit-elle pas être soumise aux règles de ce contrat et spécialement à l'action en rescision pour lésion de plus de 7/12 dans les hypothèses où cette action serait recevable? Il n'existe aucune espèce de doute à cet égard. La question a été

(1) On pourrait cependant dire qu'il y a fraude, dans l'hypothèse où les deux parties ont connu les forces exactes de la succession, lorsque l'une d'elles ayant lieu de craindre que des héritiers inconnus au jour de la cession ne se révèlent, a négligé d'en informer son cocontractant.

discutée et résolue en ce sens lors des travaux préparatoires du Code civil. Le projet du Code civil présenté
par le gouvernement était muet à cet égard et un certain nombre de cours et tribunaux avaient proposé d'y
ajouter une disposition en ce sens (1).

Il fut reconnu que cette addition était inutile puisqu'il était admis que la cession de droits successifs constituerait dans ces conditions une vente pure. Il faut en
conclure que chaque fois qu'il y aura lésion dans une

(1) Le tribunal de Grenoble avait proposé d'ajouter à l'article 24 du
projet ainsi conçu : « Néanmoins l'action rescisoire n'a pas lieu contre la
vente de droits successifs faite sans fraude à l'un des cohéritiers à ses
risques et périls, par ses autres cohéritiers, ou par l'un d'eux » la phrase
suivante (Fenet, III, 556) : « à moins qu'il n'y ait lésion d'outre moitié »;
en effet, disait le tribunal, on pourrait abuser de la disposition, en donnant à tous les partages où il y aurait une soulte, ou qui seraient faits
à prix d'argent, le nom et les apparences d'une vente de droits successifs, afin de prévenir le recours en lésion.

Le tribunal de Limoges (Fenet, IV, p. 11) de son côté, se ralliait à
cette opinion, en proposant d'admettre la rescision pour lésion du tiers
au quart contre l'acte passé entre les héritiers et constituant une vente
de droits successifs, mais cela au profit du vendeur seulement. Il est
très peu d'exemples, disait-il, où celui qui a acheté les droits de son cohéritier, ait été dupe de sa spéculation ; tandis que l'on voit sans cesse
des cohéritiers qui profitent de l'inexpérience ou des besoins d'argent
qu'éprouve leur cohéritier pour se faire céder ses droits à très vil prix :
l'acquéreur sait bien en quoi consistent les charges auxquelles il s'ex-
pose. La clause de risques et périls n'est employée que pour rendre plus
certaine la spoliation du vendeur, la loi doit venir à son secours pour
rétablir l'égalité qui dans ces circonstances est le vœu de la nature.
Mais ainsi que nous le disions plus haut, ces additions ont été jugées inutiles ; le législateur a décidé que dans le silence du texte on applique-
rait ici les règles ordinaires qui devaient être admises ultérieurement en
matière de vente, et sur lesquelles on n'était point encore d'accord puisque le titre de la vente n'avait pas été discuté.

vente d'hérédité comprenant des immeubles, il y aura lieu à l'application de l'article 1674 du Code civil (1).

§ 2. — De l'échange.

On peut supposer, au lieu d'une vente faite entre cohéritiers et ayant pour but de faire cesser l'indivision, un échange ; dans cette hypothèse, l'héritier échange sa part héréditaire contre des biens que ses cohéritiers lui donnent et qui font partie de leur propre patrimoine ; dans ce cas l'action en rescision sera, aux termes de l'article 888 du Code civil, recevable.

On a objecté que l'échange ne peut en cette qualité être rescindé pour cause de lésion aux termes de l'article 1706 du Code civil. Pourquoi donc déroger à cette règle ? C'est que, répondons-nous, ce n'est pas tant un échange, dans le sens propre du mot que les parties ont entendu faire ici, qu'un partage, puisque cet échange a eu pour effet de faire cesser l'indivision.

D'ailleurs si en matière de vente équivalant à partage on admet l'existence de l'action en rescision pour lésion de plus du quart, ce n'est pas par extension du principe

(1) Il se présentera d'ailleurs fort rarement qu'une succession soit composée essentiellement d'immeubles ; les successions comprennent le plus souvent des meubles à côté des immeubles. Il ne faudrait pas croire que la présence de meubles ferait obstacle à l'application de l'article 1674. Si la cession est faite en bloc pour un prix unique il faudra dans ce prix rechercher à l'aide d'une ventilation quelle est la valeur afférente aux immeubles ; si la partie du prix afférente aux immeubles est inférieure aux 5/12 de leur valeur réelle, il y aura lieu à l'exercice de l'action en rescision.

de la rescision en matière de vente, mais seulement parce que cette vente équivaut à un partage. Il n'y a donc pas de raisons sérieuses pour refuser l'action en rescision d'un véritable échange équivalant à partage, dans le cas où la lésion éprouvée par l'une ou l'autre partie dépasse le quart.

§ 3. — Des transactions.

L'article 888 dans l'énumération qu'il donne des actes contre lesquels est admise l'action en rescision pour cause de lésion de plus du quart parle aussi de la transaction. Cette disposition paraît inconciliable avec celle de l'article 2052 du Code civil alinéa 2 qui défend d'attaquer les transactions pour cette même cause. Comment peut-on expliquer ces deux textes en regard l'un de l'autre?

1° Une première opinion ne les concilie pas du tout, et aboutit à supprimer purement et simplement la disposition de l'article 888 en ce qui concerne la transaction, en laissant les transactions opérées en cours de partage, soumises à la disposition de l'article 2052.

Mais comme on ne peut pas supprimer le mot transaction de l'article 888, on a cherché à lui donner un autre sens, on dit que cet article ne vise que les transactions simulées, celles qui ont pour objet d'éluder la disposition de l'article 887 en déguisant sous ce nom de véritables partages. Cette opinion se résume donc en ceci : Les transactions ne sont jamais rescindables pour lésion (arg. art. 2052) ; pourtant les partages déguisés sous la forme d'une transaction dans le but de les soustraire à l'action en rescision pour cause de lésion sont rescindables (1).

2° Une deuxième opinion, qui a pour elle la plupart des décisions de jurisprudence et la doctrine, cherche à concilier ainsi les deux textes : l'article 2052 établit un principe auquel l'article 888 apporte une exception : toutes les fois qu'une transaction fait cesser l'indivision, elle est rescindable pour cause de lésion de plus du quart.

On justifie facilement l'exception en rappelant qu'il est de l'essence du partage que l'action en rescision pour lésion soit admise en cette matière. Il faudra donc, pour savoir si une transaction opérée pendant l'indivision peut être attaquée par l'action en rescision, rechercher quel a été le but poursuivi par les parties : ont-elles voulu faire cesser l'indivision, l'action sera recevable ; ont-elles voulu au contraire faire une transaction ordinaire, l'action ne devra pas être accueillie. Le juge aura ainsi à régler une question de fait au début du procès qui s'élèvera à cet égard entre les parties. Mais

____

(1) Bruxelles, 7 décembre 1829, Pasicrisie, 1829, p. 316 ; Amiens, 20 mars 1821, Dalloz, *Rép.*, V° *Succ.*, 2256. Ces deux arrêts ont posé un principe inexact mais en fait ils ont bien jugé. Le premier a accordé l'action en rescision contre une transaction qui mettait fin à l'indivision, le second l'a refusée contre une transaction qui mettait fin à une contestation sérieuse sur la qualité à laquelle avaient droit les héritiers dans la succession.

comme il s'agit ici d'une exception, l'interprétation devra être restrictive : ne seront donc passibles de rescision que les transactions qui auront pour objet de faire cesser l'indivision ; toute transaction survenue pendant l'indivision et ayant pour objet non pas de consommer le partage, mais seulement de le préparer en tranchant des difficultés préjudicielles, ne tombera pas sous l'application de l'article 888 (1).

3° Enfin dans une troisième opinion, on soutient que le principe contenu dans l'article 888 est absolu et que la transaction intervenant entre cohéritiers au cours d'un partage et à l'occasion de ce partage, est toujours rescindable pour cause de lésion.

On argumente à l'appui de ce système de l'article 888 qui a déclaré inattaquables pour cause de lésion toutes les transactions intervenant *après* le partage ; d'où il résulte que le législateur aurait voulu soumettre à l'action toutes les transactions conclues *avant*.

On invoque encore les travaux préparatoires, en raisonnant ainsi. L'article 217 du projet de l'an VIII contenait la disposition suivante : « L'action en rescision n'est point admise contre le partage fait à titre de transaction, pourvu qu'il existât lors de l'acte des difficultés de nature à donner lieu à une contestation sérieuse. » La fin de cette disposition, dit-on, qui excluait ainsi la transaction dissimulée, n'a point trouvé

(1) Baudry-Lacantinerie et Wahl, *Succ.*, III, n. 4557 et les autorités citées dans la note 5.

place dans la rédaction définitive du Code civil, ce qui indiquerait que le législateur n'a point voulu consacrer cette rédaction et que, par conséquent, toutes les transactions intervenant au cours du partage seraient soumises à l'action. Nous ne croyons pas pouvoir nous rallier à cette opinion. Elle interprète inexactement, suivant nous, l'article 888 dans lequel le législateur a voulu que le partage pût être rescindé dans quelque forme qu'il fût fait, pourvu toutefois que l'acte eût le caractère d'un partage, c'est-à-dire qu'il fît cesser l'indivision. Et d'ailleurs, il n'y a aucun argument à tirer des travaux préparatoires puisque l'article du projet primitif n'a point été adopté, pas plus dans la première partie que dans la seconde, et que le texte définitif est tout différent.

Ainsi, pour nous résumer sur cette matière, nous soutenons que le législateur n'a pas voulu soustraire à l'action en rescision les partages faits sous la forme de transaction, sous le faux prétexte de difficultés divisant les héritiers ; mais nous pensons en même temps qu'il n'a pas non plus voulu que des transactions, qui n'ont aucun des caractères du partage, soient rescindables ; il a adopté l'opinion intermédiaire : telle est la conciliation que nous proposons des articles 888 et 2052 du Code civil.

Mais l'article 888 ne se borne pas à nous donner une règle, il contient dans son 2ᵉ alinéa une exception, exception qui nous ramène au droit commun. *Mais*, dit la *loi, après le partage ou l'acte qui en tient lieu, l'action en rescision n'est plus admissible contre la transaction faite sur les difficultés réelles que présentait le premier acte même quand il n'y aurait pas eu à ce sujet de procès commencé.*

On a dit avec raison que cette disposition était de celles que le Code civil aurait pu ne pas contenir, d'abord parce qu'elle n'a presque pas d'utilité et ensuite parce qu'elle a provoqué des tâtonnements de la jurisprudence qui est souvent tombée dans l'erreur dans l'application de cette disposition.

Nous disons que la disposition est presque inutile ; en effet, du principe établi par l'article 888 dans son premier alinéa, il résulte que toute transaction qui n'a pas pour objet de faire cesser l'indivision reste sous l'empire du droit commun (art. 2052) : or c'est nécessairement le cas d'une transaction qui intervient après la cessation de l'indivision, alors même qu'elle intervient sur l'acte de partage ; il n'y avait aucune utilité à le dire.

On pourrait pourtant trouver une hypothèse pour laquelle notre disposition présenterait une certaine utilité : c'est lorsque les copartageants veulent organiser une fraude consistant, dans le but de se soustraire à l'action en rescision, à commencer par faire un partage, en ayant soin de susciter des difficultés sur lesquelles ils reviendront ensuite par une transaction dans laquelle ils ne seront pas obligés de respecter la règle de l'égalité. Pour réprimer cette fraude, la disposition de l'article 888 est nécessaire, en effet elle n'admet pas une action en rescision contre une transaction faite après le partage sur des difficultés réelles, mais elle l'admet sur des difficultés simulées par les parties.

On pourrait soutenir que même dans ce cas la disposition de l'article 888 est inutile. Où faudrait-il, en effet, dans une semblable opération voir le véritable partage ? C'est dans la transaction qui a suivi le partage. La preuve en sera facile et l'on retombe ainsi sous la disposition du premier alinéa de notre article qui accorde l'action en rescision contre une pareille transaction.

Nous avons dit aussi que l'article 888 alinéa 2 avait été la cause de certaines erreurs en jurisprudence. Elle a fait croire en effet que toute transaction ayant pour objet des difficultés réelles, constituait une exception à l'article 888, qu'elle fût antérieure, concomitante ou postérieure au partage ; de là à dire que l'article 888 alinéa 1° ne s'appliquait qu'aux transactions simulées, il n'y avait qu'un pas, et nous avons vu ci-dessus que ce pas avait été franchi par quelques décisions de la jurisprudence.

Nous terminerons l'étude de cette question en disant que toutes les fois qu'une transaction interviendra dans le cours des opérations du partage, elle ne sera pas rescindable pourvu qu'elle ne fasse pas cesser l'indivision et qu'elle ait une existence propre ; mais cha-

que fois que la transaction est tellement liée au partage
qu'il est impossible de scinder les deux actes, la rescision du partage entraînera la rescision de la transaction
parce que le principe de l'égalité l'emporte.

§ 4. — Licitation.

L'énumération que fait l'article 888 des actes autres
que les partages contre lesquels on accorde l'action en
rescision pour lésion de plus du quart, n'étant pas
limitative, il y a lieu de suppléer au silence du législateur.

Parmi ces actes qui se rencontrent si souvent dans
le cours de l'indivision, il faut mettre en première ligne la licitation.

La licitation est une opération du partage ; elle entraîne la cessation de l'indivision et elle a par suite le
caractère d'un partage. Elle suppose (art. 1686, C. civ.)
qu'une chose commune ne peut être partagée commo-
dément et sans perte, ou bien que dans un partage
amiable de biens communs, il s'en trouve quelques-uns
qu'aucun des copartageants ne puisse ou ne veuille
prendre ; dans ces différentes hypothèses, la vente s'en
fait aux enchères et le prix en est partagé entre les copropriétaires. Cette vente peut être opérée de deux
manières : à l'amiable, c'est-à-dire le plus souvent
devant un notaire, si les parties sont toutes majeures,
présentes et d'accord ; en justice, c'est-à-dire à la barre

du tribunal dans les formes prescrites par le Code de
procédure civile, s'il y a désaccord entre les parties,
ou s'il y a parmi elles des incapables ou des absents.
Ces deux sortes de licitation, amiable ou judiciaire,
produisent les mêmes effets, elles s'écartent seulement
l'une de l'autre par cette circonstance que dans l'une
les parties sont libres d'appeler ou de ne pas appeler les
étrangers à prendre part aux enchères, tandis que dans
l'autre les étrangers doivent nécessairement être appelés (art. 1687, C. civ.).

Mais si la licitation fait toujours cesser l'indivision,
elle n'a pas toujours les effets du partage ; la doctrine et la jurisprudence distinguent à cet égard suivant que la personne qui s'est portée adjudicataire est
un des communistes ou un étranger. Dans le premier
cas, la licitation a les effets d'un véritable partage, c'est-
à-dire que l'héritier adjudicataire est censé tenir la propriété des biens licités directement du défunt (arg.
art. 833, C. civ.), en faisant abstraction des droits qui
ont appartenu à ses cointéressés pendant l'indivision (1) ; c'est-à-dire que l'étranger est considéré comme
tenant ses droits non plus du *de cujus* en vertu d'une
fiction comme dans le cas précédent, mais bien des
colicitants.

Il suffit après cela d'appliquer les principes admis

(1) La licitation produit les effets d'un partage lorsqu'un des cohéritiers est déclaré adjudicataire, alors même que les étrangers ont été
appelés à prendre part aux enchères.

pour chacun de ces deux contrats pour savoir dans quels cas l'action en rescicion pour cause de lésion sera recevable. La licitation a-t-elle eu lieu au profit d'un des colicitants? Il y aura lieu à l'action en rescision si une lésion de plus du quart a été éprouvée par l'une des parties, sans distinction entre celle qui s'est portée adjudicataire et les colicitants non adjudicataires. La licitation a-t-elle eu lieu au profit d'un étranger? Il n'y aura lieu à l'action en rescision que si une lésion de plus de sept douzièmes a été éprouvée par les colicitants.

On pourrait cependant soutenir que même dans ce cas c'est l'action en rescision pour lésion de plus du quart qui doit être accordée, puisque, même dans cette hypothèse, la licitation a pour objet de faire cesser l'indivision et a ainsi le caractère d'un partage.

Il suffit de répondre que le législateur n'a institué l'action en rescision des partages que dans le but de faire respecter le principe de l'égalité entre cohéritiers ; or ce principe n'a point à être appliqué dans l'hypothèse où c'est un étranger qui se rend adjudicataire.

Il est bien entendu d'ailleurs que si la licitation constitue une vente, toutes les règles édictées au titre de la vente en matière de rescision pour cause de lésion de plus des 7/12 devront être appliquées. Nous avons rappelé les règles ci-dessus en parlant de la cession de droits successifs, dans le cas où elle produit les effets d'une vente ; il faut en conclure que la vente sur licita-

tion faite en justice, dans le cas où elle a lieu au profit
d'un étranger, n'est pas soumise à l'action en rescision.
En effet les ventes faites par autorité de justice échap-
pent à la rescision pour cause de lésion (art. 1684) (1).

§ 5. — **Jugements et sentences arbitrales qui font
cesser l'indivision.**

Sans se mettre en contradiction avec leur propre opinion qui admet l'action en rescision pour cause de lésion contre les partages judiciaires, les auteurs et la
jurisprudence sont d'accord pour la refuser contre certains jugements ayant acquis l'autorité de la chose jugée. Il suffira pour cela que ces jugements aient le caractère de partage.

Voyons donc dans quelles hypothèses, une décision
de justice pourra être considérée comme ayant ce caractère ? Il peut arriver que le juge ait été saisi de contestations sérieuses au cours des opérations du partage et
qu'à l'occasion de ces contestations il ait statué sur les
bases mêmes des droits de chacun des cohéritiers en
consentant à chacun des attributions sur des données
que le tribunal s'est approprié. Un tel jugement ne se
borne pas à autoriser le partage il le consomme et l'on
pourrait être tenté de croire qu'il peut être l'objet d'une
action en rescision pour cause de lésion. Eh bien non,

____

(1) Dans l'opinion qui voit dans la licitation un partage sans distinguer qui est adjudicataire, la vente sur licitation faite en justice est
toujours rescindable pour cause de lésion (arg. art. 888).

cette action ne devrait pas être déclarée recevable, car tout moyen par lequel on chercherait à prouver cette lésion aurait pour but de mettre en doute la sincérité de ce qui a été jugé déjà, contrairement à la règle : *res judicata pro veritate habetur* ; il y aurait lieu pour le juge de repousser l'action en rescision par une fin de non-recevoir décisive tirée de la chose jugée (1).

Pour admettre l'action en rescision à l'encontre de ces principes, il eut fallu un article de loi qui l'autorisât expressément. Les articles 887 et 888 du Code civil, non seulement, ne renferment pas de disposition semblable, mais encore ce dernier l'exclut suffisamment en se servant des termes : « tout acte encore qu'il fût qualifié » locution qui ne peut s'appliquer aux jugements et qui ne vise que les partages conventionnels ou équivalents à partages conventionnels ; bien plus, le législateur a si bien voulu ne pas admettre, en cette matière, de dérogation aux règles générales en matière de chose jugée, qu'il n'a point admis la lésion consacrée par jugements comme un des moyens d'attaquer ceux-ci par la voie de recours extraordinaire de la requête civile (2).

L'opinion contraire a pourtant été soutenue (3), mais

______

(1) Il faut observer d'ailleurs que l'autorité de la chose jugée ne s'applique en principe qu'au dispositif des arrêts ou jugements, et qu'en conséquence les estimations consignées par le juge dans les considérants de sa sentence n'emportent pas l'autorité de la chose jugée.

(2) Cass., 11 juin 1838, Dalloz, *Rép.*, V° *Successions*, n. 2300. Demolombe, XVII, n. 425 ; Fuzier-Herman, art. 887, n. 25, art. 888, n. 5.

(3) Dutruc, *Partages de successions*, n. 607.

on ne se donne même pas la peine de discuter l'argument, qui nous paraît irrésistible, tiré de l'exception
de la chose jugée ; on l'écarte purement et simplement
en disant que les décisions contenant partage ne sont
pas à proprement parler des jugements, mais de simples décisions attributives de parts rendues par le juge
en vertu de son pouvoir de juridiction gracieuse, ce qui
est en un grand nombre de cas insoutenable (1).

Il convient d'étendre aux sentences arbitrales tout ce
que nous venons de dire pour les jugements.

§ 6. — Différents actes qui peuvent faire cesser l'indivision.

A. — La dation en paiement peut n'être quelquefois
qu'une stipulation accessoire d'un partage et dans ce
cas elle est impuissante à modifier la nature de l'acte et
à exclure l'action en rescision (2), dans le cas contraire
elle serait assimilée à un partage.

B. — Les actes qualifiés de compte de tutelle, d'ap-
prouvé de compte et de paiement du reliquat, interve-
nus entre un pupille et son tuteur, s'ils ont pour but
de faire cesser l'indivision entre eux, doivent être tenus

(1) Cette opinion devrait pourtant être admise à l'égard des jugements
d'homologation rendus par le juge sans qu'aucune contestation ait été
élevée par les parties sur l'état liquidatif dressé pour parvenir au partage ; en cette hypothèse, l'homologation est en effet une simple formalité. V. en ce sens, Douai, 8 mai 1896, *Gaz. Pal.*, 1896. 2. 476.
(2) Alger, 4 avril 1877, Dalloz, 1879. 2. 86. Fuzier-Herman, art. 888,
n. 10.

pour des actes équivalents à partage susceptibles également de rescision pour cause de lésion de plus du quart (1).

C. — La renonciation à succession faite à titre onéreux par un cohéritier au profit d'un autre appelé en même temps que lui ou à son défaut, peut-elle donner lieu à l'action en rescision ?

Dans l'état actuel de nos lois, une renonciation à titre onéreux constitue une acceptation, par suite un acte d'héritier, une vente faisant cesser l'indivision. Ce serait d'ailleurs trop facile d'éluder la disposition de l'article 888 et de se soustraire à l'action en rescision pour lésion, s'il suffisait de déguiser la vente sous la forme d'une renonciation à succession (2).

D. — Une donation de droits successifs ne saurait être considérée comme un partage rescindable pour cause de lésion. La lésion, par définition même, n'est admise que dans les contrats commutatifs, et le partage constituant un contrat purement commutatif, une donation n'est jamais susceptible d'être rescindée pour un pareil vice.

(1) Bruxelles, 11 novembre 1868, Pasicrisie belge, 1869, p. 197.

(2) Duranton, VII, n. 567 ; Dutruc, n. 617. *Contrà* : Poujol, II, art. 889, n. 3. Ainsi que l'opinion admise dans l'ancien droit sur le motif que la renonciation n'est pas un acte d'héritier et que par conséquent la vente qui intervient n'a pas lieu entre cohéritiers.

Il est certain d'ailleurs que la renonciation échapperait à l'action en rescision si elle constituait une vente faite sous les conditions de l'article 889, car alors elle n'est plus un partage. V. Cass., 29 mars 1831, Dalloz, *Rép.*, V° *Succ.*, n. 2297.

Une donation de droits successifs faite par l'un des
cohéritiers à l'autre a bien pour effet de mettre fin à
l'indivision par rapport au donateur, mais elle ne constitue pas une de ces opérations ayant pour but l'attribution à chacun des cohéritiers de la part qui doit lui
revenir dans la succession (1).

Il peut arriver, d'ailleurs, que les parties aient déguisé sous la dénomination de vente ou de cession une
véritable donation, s'il en est ainsi, l'acte ne perdra pas
son véritable caractère (2).

A l'inverse, il arrivera fréquemment que les parties
aient qualifié donation un acte qui ne constitue point
une libéralité pure ; le donateur, en échange de sa libéralité, a imposé certaines charges au cohéritier auquel il a abandonné sa part ; il a fait ce que l'on appelle
souvent une donation onéreuse. On estime en général
que le juge, en présence d'un pareil contrat, doit rechercher, en ayant égard à l'étendue des charges im-
posées au donataire, si l'acte constitue une libéralité, ou
si, au contraire, il constitue un acte à titre onéreux, un
contrat purement commutatif dans lequel chacune des
parties n'a consenti à se dessaisir qu'en vue de l'avantage qu'elle retirait de l'engagement de son cocontractant ; lorsque les charges sont presque équivalentes à
la donation , il y a contrat commutatif ; lorsqu'elles
laissent place encore à une pensée de libéralité assez

(1) Hureaux, V, n. 28 ; Demante, III, n. 232 *bis* ; Laurent, X, n. 480.
(2) Cass., 5 décembre 1842, Sirey, 1843. 1. 27.

large, il n'y aura qu'une donation. Pourquoi refuserait-on, dans le premier cas, l'action en rescision pour cause de lésion, si la donation avec charges avait pour effet de faire cesser l'indivision ? On n'en voit pas de raison sérieuse (1).

(1) L'hypothèse qui se présente le plus fréquemment dans la pratique est la suivante : un cohéritier donnera sa part héréditaire à un autre cohéritier à charge par celui-ci de payer une rente viagère à lui-même ou à un tiers. V. particulièrement, Gand, 10 janvier 1842, Pasicrisie belge, 1843, p. 160.

CHAPITRE III

EXERCICE DE L'ACTION EN RESCISION

§ 1. — Personnes qui peuvent intenter l'action.

L'action en rescision est l'action par laquelle un cohéritier demande à ce qu'un partage régulièrement fait, mais dans lequel il a souffert une lésion, soit considéré comme non avenu.

A ce point de vue, c'est-à-dire quant à son effet, l'action en rescision rentre dans la grande catégorie des actions en nullité.

Nous avons vu que dans l'ancien il y avait entre les actions en rescision et les actions en nullité une différence très importante au point de vue de son exercice : l'action en rescision était donnée dans les cas où aucune loi positive ne déclarait la convention annulable mais où l'équité était blessée ; la lésion figurait à côté de l'erreur, de la violence et du dol parmi les causes de rescision. La procédure de ces actions était hérissée de plus de difficultés que celle des actions en nullité : pour pouvoir intenter l'action en rescision, il fallait se munir au préalable de lettres de rescision.

Nous avons vu également que la Révolution supprima les lettres de rescision. Le Code civil, en adoptant une

prescription extinctive unique pour les actions en nullité et en rescision (art. 1304, C. civ.), supprima la
seule différence qui subsistait entre elles ; et c'est de
cette communauté de règles que provient la confusion
fréquente de la loi entre les expressions nullité et rescision si souvent employées l'une pour l'autre.

Pourtant en examinant de près les textes du Code
civil, on est amené à faire cette remarque que si le législateur a souvent employé l'expression « rescision » là
où il aurait dû dire « nullité », il n'a jamais employé que
l'expression « rescision » pour qualifier l'action à laquelle donne lieu la lésion. Aussi la doctrine continue-
t-elle avec raison, à faire la différence, en réservant
généralement le nom d'action en nullité pour tous les
vices autres que la lésion, et en réservant le nom d'action
en rescision pour ce dernier vice.

Mais ce ne sont pas là simplement des différences de
nom, et nous trouverons des différences pratiques entre
l'action en nullité et l'action en rescision, lorsque nous
examinerons les règles relatives à l'exercice de chacune
des actions.

Le demandeur à l'action en rescision doit prouver la
lésion, c'est-à-dire un fait qui se justifie par des chif-
fres devant aboutir ou non au triomphe de sa demande.
Le demandeur à l'action en nullité doit, pour prouver
le vice dont est entachée l'obligation, justifier que son
consentement n'a pas existé ou n'a pas été suffisamment
libre.

L'action en rescision ne résultant pas d'un vice du consentement suppose une obligation complètement valable, la lésion que subit une partie est une chose qui est susceptible d'être réparée, aussi la loi donne-t-elle au défendeur le droit d'arrêter à son début l'action en réparant le préjudice ; le défendeur à l'action en nullité au contraire est dépourvu de ce moyen.

A part ces quelques différences, on peut dire qu'il y a aujourd'hui assimilation complète entre l'action en rescision et l'action en nullité fondée sur les vices du consentement. Elles rentrent l'une et l'autre dans la catégorie des actions dites « en nullité », c'est-à-dire des actions par lesquelles on soutient qu'une obligation dont l'existence est certaine comme réunissant les éléments constitutifs de toute obligation est pourtant atteinte d'un certain vice, qui peut être un vice du consentement ou une lésion. On appelle dans le langage juridique ce genre de nullité : « nullité relative » par opposition à la nullité absolue qui suppose une obligation sans existence légale ; dans le premier cas il y a un lien qui s'est formé, dans le second il n'y en a pas.

Nous n'avons point à entrer dans le détail des différences qui séparent les actions en nullité relative et les actions en nullité absolue ; rappelons pourtant qu'elles diffèrent par les personnes qui ont le droit de les exercer : la nullité absolue peut être invoquée par tout le monde, la nullité relative ne peut être invoquée que par la personne que la loi a entendu protéger et au profit de laquelle la nullité a été créée.

Il suit de là, en faisant application de ces principes en matière de partage, que si les opérations tendant à faire cesser l'indivision ont été faites en violation de la règle de l'égalité, le partage n'en sera point pour cela inexistant, ni nul d'une nullité absolue ; il ne sera nul que d'une nullité relative, c'est-à-dire d'une nullité qui pourra être invoquée seulement par la partie lésée ou ses ayants cause universels (1).

Rappelons d'ailleurs que la lésion existe au profit de toutes les parties qui ont pris part au contrat de partage, à l'encontre de ce que le législateur a édicté en matière de vente d'immeubles où la lésion subie par le vendeur seul peut donner lieu à l'action en rescision. Nous avons vu précédemment que l'action en rescision pour lésion de plus du quart existait non seulement à l'encontre des actes qualifiés partages, mais encore à l'encontre des ventes ou cessions de droits successifs, lesquelles ont pour effet de faire cesser l'indivision, ou encore des licitations.

(1) En ce qui concerne les ayants cause à titre universel il ne peut y avoir aucune espèce de doute, puisqu'ils succèdent en principe à tous les droits et actions qui appartiennent à leur auteur. Quant aux ayants cause à titre particulier, ils ne succèdent en principe aux droits de leur auteur que si ces droits existaient au profit de celui-ci dans l'intérêt direct de la chose, c'est-à-dire aux droits et actions qui se sont identifiés avec cette chose, comme qualités actives et qui en sont devenus des accessoires (Demolombe, *Oblig..* t. I, n. 279 ; Aubry et Rau, t. II, 176, p. 71). Or il n'est pas douteux que l'action en rescision pour cause de lésion n'existe pas au profit de la chose mais bien du copartageant lui-même. D'où il résulte, qu'à moins d'une cession spéciale et expresse l'ayant cause à titre particulier, par exemple l'acheteur, ne pourrait point intenter l'action en rescision.

Une question assez délicate est celle de savoir si l'action en rescision peut être intentée par les créanciers du copartageant, en vertu de l'article 1166 du Code civil. La question revient à se demander si l'action qui nous occupe constitue un droit exclusivement attaché à la personne du copartageant, puisque ce sont ces droits-là seuls qui ne peuvent pas être exercés par les créanciers.

On a soutenu l'affirmative, mais cette opinion a été justement repoussée par la jurisprudence (1) et par la doctrine, l'action en rescision étant fondée sur un préjudice, son exercice tend à la réparation de ce préjudice, peu importe la manière dont cette réparation se fera, par un nouveau partage ou par le paiement d'un supplément, le droit est exclusivement pécuniaire et un pareil droit n'est jamais attaché à la personne (2). Les créanciers ont donc là un moyen indirect de faire tomber un partage, qu'ils ne pourraient plus attaquer de leur propre chef pour avoir négligé d'exercer le droit d'opposition ou d'intervention que leur donne l'article 882 du Code civil.

Si la Cour d'Angers par un arrêt du 22 mai 1817 a refusé ce droit aux créanciers c'est parce qu'elle s'est placée à tort dans l'hypothèse de l'article 1167 au lieu

______

(1) Aix, 30 novembre 1833, Dalloz, *Rép.*, V° *Succ.*, n. 2074 ; Nîmes, 5 juillet 1848, Dalloz, 1848.2.147 ; Lyon, 9 juin 1876, Dalloz, 1878.2.13 ; Paris, 10 août 1878, Dalloz, 1878.2.172.

(2) Dalloz, *Rep.*, V° *Succ.*, n. 2074.

de se placer dans celle de l'article 1166 : les créanciers agissent au nom de leur débiteur et non pas en leur nom personnel, d'ailleurs l'intervention personnelle leur est défendue par l'article 882 après la conclusion du partage.

Les créanciers ont cependant le droit d'attaquer un partage non seulement au nom de leur débiteur mais même en leur propre nom, d'après l'article 1167, s'ils prouvent que le partage n'a pas été sérieux, que c'est un partage simulé ou qu'il a été fait précipitamment par calcul pour que les oppositions se manifestent tardivement.

Les créanciers de la succession, dans le cas où ils sont en même temps créanciers de l'héritier, ce qui résulte de l'acceptation pure et simple de celui-ci, ont les mêmes droits que les créanciers personnels et pourront par suite intenter l'action en rescision.

§ 2. — De la capacité pour intenter l'action en rescision et pour y défendre.

Pour répondre à cette question il faut savoir à quoi tend l'action en rescision, et pour ne pas anticiper sur ce sujet qui sera traité *infra* aux effets de la rescision, nous dirons seulement en quelques mots que la rescision prononcée rétablit rétroactivement l'indivision et n'a pas d'autres effets : elle ne tend pas immédiatement à un nouveau partage. De là il faut conclure que l'on ne peut pas exiger pour l'exercice de l'action en rescision la capacité spéciale que les articles 817 et 818 exigent pour l'action en partage.

D'autre part le Code n'ayant posé aucune règle spéciale en notre matière, il en résulte que l'on reste sous l'empire du droit commun et que la capacité d'intenter une action en rescision de partage est la même que pour intenter une action quelconque, ce sera la même que pour intenter une action mobilière ou immobilière suivant la consistance de l'universalité à partager. Ainsi :

1° Pour les personnes en tutelle, c'est le tuteur qui agira, avec l'autorisation du conseil de famille si l'action a le caractère immobilier (art. 464, C. civ.), excepté dans le cas où ses intérêts sont en opposition avec ceux du pupille ; dans ce cas c'est le subrogé tuteur qui agira à sa place.

2° Le mineur émancipé qui est en curatelle pourra toujours avec l'assistance de son curateur et sans autres formalités intenter l'action (art. 482, C. civ.) ; on décide même généralement qu'il peut exercer seul l'action lorsqu'elle est purement mobilière (arg. *a contrario*, art. 482).

3° Le prodigue auquel il est interdit de plaider sans l'assistance de son conseil judiciaire (art. 513, C. civ.) ne pourra jamais intenter seul l'action, alors même qu'elle aurait le caractère exclusivement mobilier.

4° Les fous non interdits et placés dans un établissement d'aliénés seront représentés, pour l'exercice de l'action en rescision comme dans tous les procès où ils ont un intérêt, par un mandataire *ad litem* désigné par le tribunal dans les conditions des articles 32, 33 et 38 de la loi du 30 juin 1838.

5° Quant aux femmes mariées, elles peuvent en principe ester en justice avec l'autorisation de leur mari et par suite elles pourront intenter l'action en rescision avec cette seule autorisation.

Toutefois il convient de faire deux observations :

α) Le mari, sous le régime de la communauté (art. 1428, C. civ.) et sous les autres régimes auxquels s'appliquent les règles de celui-ci, ayant le droit d'intenter seul les actions mobilières de la femme, il pourra intenter l'action en rescision d'un partage de biens qui sont échus à la femme commune en propre, lorsque ce partage ne comprendra que des droits mobiliers.

β) Sous le régime dotal, le mari a seul le droit d'exercer les actions même immobilières relatives aux biens dotaux (art. 1549, C. civ.) ; c'est donc lui qui exercera l'action en rescision dans tous les cas, la femme n'aurait point ce droit ; quant aux biens paraphernaux on retombe dans la règle du droit commun (art. 1576, C. civ.).

Il convient de rappeler que les mêmes règles s'appliquent au défendeur à l'action en rescision, les différents incapables seront représentés ou devront se munir des autorisations exigées par la loi à cet effet.

§ 3. — Du défendeur à l'action en rescision.

L'action en rescision tend à faire tomber le partage, acte auquel tous les copartageants ont concouru ; il faut, par suite, que tous soient mis en cause par le demandeur, c'est même la seule manière possible de concilier les règles du partage avec celles de la rescision : en effet, le jugement qui prononce la rescision n'a d'effet qu'à l'égard des personnes qui y ont été parties, conformément à la règle qu'en matière civile la chose jugée ne produit d'effets qu'à l'égard des parties qui ont figuré à l'instance ; or, si un ou plusieurs copartageants y manquaient, le partage ne pourrait pas, à leur égard, être rescindé ; nous aurions donc un partage rescindé à l'égard de quelques-uns des copartageants, valable à l'égard des autres ; l'indivisibilité de l'action en partage ne permettait pas d'admettre cette solution.

Il ne faut point en effet oublier que si l'action en partage ne se confond pas avec l'action en rescision, elle en est du moins le corollaire immédiat. Or pour que l'action en partage puisse être intentée, il faut pouvoir mettre en cause tous les cohéritiers, et cela ne serait pas possible si la rescision pouvait n'avoir d'effet qu'à l'égard de quelques-uns des copartageants ; dans ce cas, l'action en rescision emprunte à l'action en partage son indivisibilité.

Pourtant l'action en rescision n'est pas indivisible

de son essence, parce que son objet est divisible ; il en résulte que toutes les fois que l'indivisibilité du partage ne sera pas mise en cause, l'action en rescision pourra se diviser. Nous trouvons une application de cette proposition dans l'hypothèse suivante sur laquelle la Cour suprême a été appelée à statuer (1). Un copartageant demandait la nullité d'une cession d'un immeuble indivis faite pendant sa minorité, pour cause de minorité et de lésion. Cette cession fut, par la Cour, rescindée partiellement en faveur du mineur, sans que ses copartageants aient le droit de se prévaloir de la minorité de leur cohéritier, parce qu'il est de principe qu'en matière divisible le mineur ne relève pas le majeur.

§ 4. — Du tribunal compétent pour connaître de l'action.

L'article 822 du Code civil après avoir dit devant quel tribunal doit être intentée l'action en partage, ajoute : *c'est devant le même tribunal que doivent être portées les demandes en rescision.*

Ce tribunal est le tribunal civil du lieu de l'ouverture de la succession, c'est-à-dire le tribunal du dernier domicile du défunt ; la loi l'a choisi pour l'action en partage de préférence à tout autre parce que c'est dans son ressort que se trouvent, la plupart du temps, les titres à consulter et les biens à partager ; elle l'a choisi aussi pur l'action en rescision et pour les autres actions qui

(1) Cass., 16 février 1814, Dall., *Rép.*, V⁰ *Succ.*, n. 2350.

résultent du partage, afin de centraliser devant un même tribunal toutes les opérations et toutes les contestations auxquelles le partage peut donner lieu.

L'article 59 du Code de procédure civile qui est le siège de la matière, pour la compétence *ratione personae*, ne reproduit pas la disposition de l'article 822 du Code civil relative à l'action en rescision, le Code de procédure ajoute même que : *seront portées devant le tribunal de l'ouverture de la succession toutes les contestations jusqu'au partage inclusivement.*

Y a-t-il antinomie entre ces deux articles ?

On pourrait être tenté de croire que l'action en rescision survenant après le partage sort de la disposition de l'article 59 du Code de procédure civile, il est pourtant facile de concilier les deux textes. Voici comment :

L'action en rescision a pour effet d'annuler le partage rétroactivement lorsqu'elle triomphe ; l'indivision est censée n'avoir jamais cessé d'exister ; le partage est à refaire et il est considéré comme n'ayant jamais été fait ; l'action en rescision ne peut donc pas être postérieure à un acte qui n'a pas existé. L'article 59 du Code de procédure civile prend le mot *partage* dans le sens de partage définitif, or nous ne pouvons pas donner ce sens à un partage qui est rescindable pour cause de lésion, c'est pourquoi nous croyons que les deux articles sont parfaitement conciliables.

Un auteur (1), en présence de cette antinomie appa-

(1) Duranton, VII, n. 135 et 136.

rente entre les articles 822 du Code civil et 59 du Code
de procédure civile, a cherché à les concilier par la distinction suivante : l'article 822 du Code civil viserait,
selon lui, le partage fait en justice, et ce serait seulement dans l'hypothèse d'un partage judiciaire qu'il y
aurait lieu de porter devant le tribunal de l'ouverture
de la succession les actions s'y rattachant qui sont intentées postérieurement, telles que l'action en rescision. Nous ne croyons pas que cette distinction soit rationnelle, elle ne repose sur aucune raison sérieuse ;
nous préférons nous en tenir à l'explication que nous
donnons plus haut et dire que l'article 59 du Code de
procédure civile ne restreint pas la portée de l'article 822 du Code civil, parce que l'action en rescision ne
peut être considérée comme postérieure à l'action qui
doit aboutir au partage définitif.

§ 5. — **Procédure de l'action en rescision.**

Aux termes de l'article 853 du Code civil, les contestations en matière de partage doivent être jugées comme
en matière sommaire. Cette disposition est-elle applicable à l'action en rescision du partage pour cause de
lésion ? Nous ne le pensons pas. Les contestations en
matière de partage prévues par le texte de l'article 823,
sont des contestations élevées au cours de la liquidation
par les parties, il faudra donc que l'action en rescision
soit instruite et jugée dans la forme ordinaire.

Le jugement qui interviendra sera susceptible de

toutes les voies de recours ordinaires ou extraordinaires admises dans le droit commun. Il faut également faire cette remarque que devant le second degré de juridiction comme devant le premier, tous les copartageants devront figurer au procès.

CHAPITRE IV

FINS DE NON-RECEVOIR CONTRE L'ACTION EN RESCISION.

§ 1. — Paiement d'un supplément.

Nous avons déjà dit, en réservant la question pour la suite de cette étude, que l'action en rescision tend à faire annuler le partage rétroactivement et fait tomber tous les droits consentis au profit des tiers ; telle est la rigueur du droit ; il peut en résulter, en dehors d'un trouble considérable dans le repos des familles, un préjudice énorme pour le copartageant qui aurait à se défendre contre les actions en garantie auxquelles le soumettra l'éviction subie par les tiers.

C'est cette circonstance qui a fait admettre au profit du défendeur à l'action en rescision un moyen spécial d'obtenir le maintien du partage, ce moyen est contenu dans l'article 891 du Code civil : *Le défendeur à la demande en rescision peut en arrêter le cours et empêcher un nouveau partage, en offrant et en fournissant au demandeur le supplément de sa portion héréditaire, soit en numéraire soit en nature.*

En sauvegardant ainsi l'intérêt du défendeur, la loi ne compromet pas celui du demandeur. Le demandeur qui est le copartageant lésé, subit un préjudice, la loi

lui a donné un moyen d'arriver à réparer ce préjudice :
l'action en rescision ; c'est d'ailleurs tout ce qu'il pour-
suit en exerçant cette action. Si donc cette réparation
peut lui être accordée, son action doit nécessairement
tomber en vertu du principe qu'il n'y a pas d'action
sans intérêt.

Le copartageant n'a aucun intérêt à obtenir un nouveau partage qui lui accorderait la même réparation
mais d'une manière plus lente, plus difficile et plus
coûteuse.

La loi a su ainsi sauvegarder l'intérêt des copartageants et l'intérêt des tiers, elle a en même temps ga-
ranti la stabilité des partages ; la mesure est heureuse
et il convient d'en savoir gré à ceux qui l'ont imaginée.

On a cherché à donner d'autres motifs au droit établi
par l'article 891 ; on a mis en avant le repos des familles et la bonne foi des copartageants, l'un et l'autre ne
sont pas sérieux. Si le repos des familles était le véritable motif, pourquoi la loi n'aurait-elle pas admis la
même règle pour l'action en nullité fondée sur les vices
du consentement? Quant à la bonne foi des copartageants elle est au moins douteuse, bien souvent ce sont
ceux qui profitent de la lésion qui en sont les auteurs.

Ainsi le droit accordé au défendeur à l'action en rescision par l'article 891 est de fournir le supplément de
sa portion héréditaire au copartageant lésé ; il importe
peu que l'action soit intentée par le copartageant lui-
même ou par ses ayants cause universels ; c'est un

droit qui est opposable au demandeur et non pas au copartageant. Enfin on admet que l'exercice du droit de l'article 891 est possible même lorsque la lésion est énorme, par exemple dans le cas où le copartageant aurait obtenu une part ridicule : *lex non distinguit* (1).

Le droit de fournir le supplément appartient aux créanciers du copartageant défendeur ; ce n'est pas un droit attaché à sa personne, ses créanciers peuvent l'exercer en vertu de l'article 1166 du Code civil. Mais appartient-il aux ayants cause à titre particulier ?

L'article 891 ne parle que du défendeur, et en matière de vente, le législateur a cru devoir faire un texte spécial (art. 1681), pour accorder ce droit aux tiers possesseurs ; on serait donc tout porté à le refuser aux ayants cause en matière de partage.

Mais les ayants cause à titre particulier ne sont-ils pas les créanciers de leur auteur par le fait de l'action en garantie qu'ils peuvent exercer contre lui ? Comme personne ne refuse aux créanciers du copartageant, quels qu'ils soient, le droit de se prévaloir de la faculté de l'article 891, il faut l'accorder également comme tels aux ayants cause à titre particulier.

Nous sommes pourtant obligé de reconnaître que

______

(1) V. en sens contraire : Delaporte, III, p. 404, qui s'exprime en ce sens : « autrefois, lorsque la lésion étoit excessive, comme si elle excédoit la moitié, on ordonnoit que le partage seroit recommencé. Cela paroit juste, car il est vrai de dire qu'alors il n'y a pas eu de partage. Cependant M. de Maleville dit qu'il a peine à croire que cette jurisprudence fut suivie actuellement. Je ne vois pas pourquoi ? »

notre explication ne serait pas applicable à l'égard des
ayants cause à titre particulier qui n'auraient pas droit
à la garantie de la part de leur auteur, tels que les donataires. Il est fort douteux à notre sens que ceux-ci
puissent se prévaloir de la faculté de l'article 891.

S'il existe plusieurs défendeurs, cette faculté peut
être exercée par tous, par plusieurs ou par un seul
d'entre eux. Quand ils veulent l'exercer en commun,
ils doivent tomber d'accord sur la nécessité de payer le
supplément, la répartition se fera entre eux en proportion de leurs droits héréditaires (1) ; s'ils ne s'entendent
pas sur cette répartition, c'est le tribunal qui décidera.

Un seul ou plusieurs ne peuvent contraindre les autres à concourir, ils auront seulement la faculté, s'ils
sont intéressés au maintien du partage, de payer le
supplément intégral sans recours contre leurs copartageants (2), parce que le paiement du supplément est une
faculté, il ne peut pas être imposé.

Quelle est la valeur du supplément à fournir ? Le supplément tend à faire disparaître la lésion, il doit donc
être égal à la différence entre la valeur du lot obtenu
par le cohéritier lésé et la valeur de celui qu'il aurait
dû obtenir ; il ne serait pas suffisant pour arrêter l'action de payer une somme qui réduise la lésion juste au

(1) Baudry-Lacantinerie et Wahl, *Successions*, III, n. 4662. V. en
sens contraire : Huc, V, n. 471, qui dit que la répartition se fait propor-
tionnellement à la valeur du lot formant préjudice au demandeur.
(2) Aubry et Rau, VI, p. 586, notes 35 et 36.

quart, il faut que l'indemnité soit complète (1). Au montant de l'indemnité il y a lieu d'ajouter les intérêts ou les fruits ; mais à partir de quel moment ceux-ci sont-ils dus ? Est-ce comme en matière de vente depuis le jour de la demande (arg. art. 1682) ou bien est-ce depuis le partage ? La doctrine (2) paraît fixée dans le premier sens et elle s'appuie sur la bonne foi présumée du défendeur. Nous croyons cependant (3) que cette théorie est erronée : en effet, pourquoi soumettrait-on le droit du demandeur à la bonne ou mauvaise foi du défendeur, distinction souvent très subtile à faire ; et puis d'ailleurs même en admettant la bonne foi, il faut qu'elle puisse s'appliquer dans notre cas et nous croyons qu'il est impossible de le faire : l'article 549 du Code civil qui attache à la bonne foi le privilège de conserver les fruits ne doit s'appliquer qu'au possesseur (4).

D'ailleurs, en donnant au demandeur le droit de réclamer les intérêts ou les fruits depuis le partage, on ne fait qu'appliquer l'idée de l'article 891 qui veut que le demandeur soit complètement indemnisé, qu'il soit après le paiement du supplément dans la même situation que s'il avait obtenu la rescision du partage ;

(1) Le défendeur ne peut pas faire la déduction qu'autorise l'art. 1681 en matière de vente, en fournissant le supplément. Il n'y a aucun doute sur cette question.

(2) Chabot, art. 891, n. 3 ; Taulier, III, p. 399 ; Vazeilles, art. 891, n. 4 ; Demante, III, n. 239 *bis* ; Hureaux, V, n. 45 ; Fuzier-Herman, art. 891, n. 15 ; Huc, V, n. 471.

(3) Laurent, X, n. 504.

(4) Baudry-Lacantinerie et Wahl, *Succ.*, III, n. 4655.

or si la rescision avait été prononcée, les défendeurs
seraient devenus débiteurs des biens, des fruits et des
intérêts depuis le moment du partage ; la même solution est applicable en cas de maintien du partage.

Pour calculer le montant du supplément il faut se
placer à la même époque à laquelle on calcule la lésion,
c'est-à-dire au moment du partage. Mais les biens qui
forment le supplément, lorsque celui-ci est payé en
nature, doivent être calculés d'après leur valeur au
moment du paiement, c'est là la règle en matière de
dation en paiement (1).

L'article 891 dit que le supplément peut être payé
en numéraire ou en nature. Sur ce point le législateur
a adopté l'opinion de Pothier, contraire à celle de Du-
moulin et de Lebrun, et il a eu raison. S'il avait dit que
ce supplément ne pouvait être payé qu'en nature, le droit
de l'article 891 eût perdu toute son utilité, il eût été impossible au défendeur d'arrêter le cours de l'action en
rescision et de maintenir en même temps sur les biens
partagés les droits concédés aux tiers ; or c'est là, nous
l'avons vu, le principal mobile qui a guidé les rédacteurs de l'article 891. Il est vrai que cette disposition
est contraire aux articles 826 et 832 du Code civil qui
donnent à l'héritier le droit d'exiger sa part en nature
et qui veulent que les lots soient composés de biens de
même nature.

(1) Baudry-Lacantinerie et Wahl, *Succ.*, III, n. 4659 et les autorités
citées dans la note 6.

Il faut convenir que l'inconvénient est bien minime à côté des avantages qui résultent de la disposition et nous approuvons l'admission de cette exception.

A qui appartient le droit d'option ? Dans le silence de notre texte sur ce point spécial il suffit de recourir aux principes généraux pour avoir la solution de cette question ; elle est dans l'article 1190 du Code civil qui confère au débiteur d'une obligation alternative le choix de la chose qu'il entend donner pour se libérer ; ce sera donc le défendeur qui optera entre l'indemnité en numéraire ou en nature qu'il entend fournir.

Ainsi, le défendeur à l'action en rescision jouit d'avantages considérables. Il profitera de l'augmentation de valeur des biens mis dans son lot depuis le partage et il profitera également de leur diminution, puisque, suivant que les biens auront augmenté ou diminué, il exercera le droit de l'article 891 ou laissera prononcer la rescision. S'il se prévaut de la faculté que lui confère l'article 891, il pourra même se libérer en nature ou en argent suivant son intérêt : il y a certainement là une situation dans laquelle l'intérêt du copartageant lésé est quelque peu sacrifié ; mais nous le répétons, l'intérêt des tiers, qui ne doivent point subir les conséquences d'une situation de fait qu'ils n'ont point créée, a été la principale raison qui a guidé le législateur en cette matière : elle suffit à justifier ces avantages exceptionnels.

Jusqu'à quel moment de la procédure le défendeur à

l'action en rescision peut-il payer utilement le supplément?

Il le pourra certainement pendant tout le cours de
l'instance et même devant les juges d'appel (1), il le
peut même tant que le jugement qui prononce la rescision du partage n'a pas encore acquis l'autorité de la
chose jugée (2).

Mais si le jugement est passé en force de chose jugée,
le peut-il encore ? La question est controversée.

Dans une opinion, défendue par la majorité des auteurs (3), on admet l'affirmative, en l'appuyant sur deux
arguments de texte et un argument tiré de l'esprit de
la loi.

a) C'est d'abord l'article 891 lui-même qui comprend
les mots « et empêcher un nouveau partage ». Ces
expressions qui seraient sans objet dans l'opinion contraire, disent MM. Aubry et Rau, indiquent que le défendeur peut exercer son droit tant qu'il n'a pas été procédé à un nouveau partage.

b) L'article 1681 du Code civil qui, en matière de
vente, autorise l'acheteur à exercer son droit après que
l'action en rescision est admise, serait applicable au partage. On ne voit pas pourquoi une différence serait faite

---

(1) Nîmes, 31 mars 1841, Dalloz, *Rép.*, V° *Succession*, n. 2342.
(2) Demolombe, XVII, n. 459.
(3) Aubry et Rau, VI, p. 586, note 34 ; Demante, III, n. 236 *bis*, IV ;
Baudry-Lacantinerie et Wahl, *Successions*, III, n. 4661 ; Demolombe
(v. note 2).

entre la vente et le partage à cet égard, disent MM. Baudry-Lacantinerie et Wahl.

c) Enfin l'esprit de l'article 891, qui tend à maintenir les partages, est conciliable avec cette opinion.

Pour concilier cette opinion avec le principe d'obéissance due aux jugements qui prononcent la rescision, on dit que ces jugements seront prononcés sous la réserve de la faculté d'offrir le supplément et que cette réserve serait même sous-entendue, puisqu'elle résulterait de la loi.

La seconde opinion qui nous paraît préférable est soutenue par Duranton et Laurent (1).

En effet, accorder au défendeur le droit de se prévaloir de l'article 891 après le jugement qui a prononcé la rescision, c'est violer manifestement le principe de l'autorité de la chose jugée, c'est donner au défendeur une voie de recours contre un jugement contre lequel il n'a plus aucun moyen de se pourvoir (2). Et puis le défen-

(1) Duranton, VII, n. 583 ; Laurent, X, n. 506.

(2) La jurisprudence se montre très sévère sur cette question du respect dû à l'autorité de la chose jugée. Jugé ainsi que celui qui a négligé d'user des voies de recours que la loi mettait à sa disposition pour faire tomber un jugement rendu contre lui, n'est pas recevable à l'attaquer postérieurement par une voie détournée, alors qu'il est passé en force de chose jugée. — Paris, 11 décembre 1895, *Gaz. Pal.*, 1896.1. 99, Dalloz, 1896.2.193.

Jugé de même que les parties entre lesquelles est intervenue une décision de justice passée en force de chose jugée ne peuvent, à l'aide d'artifices de procédure et en se prêtant concours l'une à l'autre, faire échec à la chose jugée, en se relevant réciproquement de la déchéance de voies de recours dont elles n'ont pas fait usage dans les délais. — Paris, 8 mai 1895, *Gaz. Pal.*, 1895.2.798.

deur qui a été partie au jugement et qui,ni en première
instance ni en appel, ne s'est prévalu de son droit, qui
laisse acquérir au jugement l'autorité de la chose jugée,
n'est-il pas censé avoir tacitement renoncé au bénéfice
de l'article 891 ?

On peut ajouter qu'on fait revivre, dans l'opinion
contraire, un partage qui n'a plus aucune existence,
qui a été rétroactivement annulé ; on fait cesser l'indivision,qui avait été établie par l'effet de la rescision,sans
le concours de la volonté de tous les cohéritiers ; on
met les tiers et les autres copartageants à la merci du
défendeur; ne craint-on pas une spéculation de sa part?
que deviennent les droits des tiers entre le moment où
la rescision a été prononcée et le moment où le copartageant vient offrir le supplément? Ce sont là autant de
considérations qui nous empêchent de prêter au législateur l'intention que nos adversaires lui donnent.

Cette opinion n'est d'ailleurs pas inconciliable avec
les articles 891 et 1681 du Code civil. Elle ne l'est pas
avec l'article 891 parce que les mots « empêcher un
nouveau partage » ne supposent pas que le jugement
est rendu au moment où le défendeur fait l'offre du
complément; bien au contraire,les expressions mêmes
par lesquelles le texte commence : le *défendeur* à la
demande en rescision peut en arrêter le *cours*, indiquent
bien que le législateur s'est placé au *début* ou au *cours*
du procès, et le procès est nécessairement terminé
lorsque le jugement prononçant la rescision a acquis

l'autorité de la chose jugée. Notre opinion n'est pas non plus en contradiction avec l'article 1681 du Code civil parce que cet article est hors de cause dans notre hypothèse : la loi donne à l'acheteur un droit spécial qu'il ne donne pas au copartageant parce qu'elle considère l'action en rescision en matière de vente comme contraire aux principes, qu'elle ne l'a admise qu'après une grande discussion et en sorte comme une transaction et que par suite elle fait tout pour limiter cette action. Or en matière de partage c'est tout différent, l'action en rescision est de l'essence de ce contrat, il ne faut pas étendre les dispositions du texte de l'article 891 en le combinant avec l'article 1681.

Mais, ajouterons-nous encore, si nos adversaires tiennent tellement à appliquer l'article 1681, pourquoi ne l'appliquent-ils pas dans son ensemble? L'article 1681 permet à l'acheteur de payer le prix sous la déduction d'un dixième lorsqu'il veut arrêter l'action en rescision intentée par son vendeur ; or personne, dans l'opinion que nous combattons, ne pense et ne veut appliquer cette disposition au défendeur à l'action en rescision d'un partage et pourtant quand on étend l'application d'un texte à une disposition autre que celle pour laquelle il a été fait, on doit, tout au moins, étendre cette disposition dans son contexte entier. Mais on recule au dernier moment, car on se rappelle que l'action en rescision sanctionne en matière de partage le principe d'égalité qui domine ce contrat, et il n'y aurait pas

d'égalité assurée si l'on appliquait seulement la demi-
mesure de l'article 1681. Tout cela est donc purement
arbitraire.

On s'est demandé si l'exercice de l'action en rescision pour cause de lésion n'était pas inconciliable avec
la maxime « qui doit garantir ne peut évincer » et si, à
défaut par la loi de s'être expliquée sur ce point, cette
maxime ne constituerait point un moyen de défense,
une fin de non-recevoir contre l'action.

La rescision a bien pour résultat la résolution de la
propriété, tant à l'égard des cohéritiers contre lesquels
elle est prononcée que contre les tiers qui ont acquis
un droit de propriété ou des droits réels du chef de
ceux-ci, et pourtant il est bien évident que ni les uns,
ni les autres ne pourraient opposer au cohéritier lésé
qui intente l'action la maxime rappelée ci-dessus.

En ce qui concerne les cohéritiers, ils ne le peuvent
point, car si la loi leur assure la propriété de leur lot
par une garantie à laquelle leurs cohéritiers sont tenus
vis-à-vis d'eux, elle a eu précisément pour but, en
admettant l'action en rescision, de créer une exception à ce principe ; autrement elle serait incompré-
hensible.

En ce qui concerne les tiers qui ont acquis des droits
réels du chef des cohéritiers de l'héritier lésé, celui-ci
n'est pas tenu à la garantie vis-à-vis d'eux et par suite
l'éviction qu'ils subissent ne provenant pas de leur auteur qui seul pourrait leur devoir la garantie, ils ne

sont pas fondés à invoquer la maxime « qui doit garantir ne peut évincer ».

Enfin quant aux tiers qui tiennent des droits du cohéritier lésé qui a intenté l'action, ils pourraient bien être fondés à se plaindre de l'éviction que leur fait subir leur auteur, mais nous verrons ultérieurement que cette hypothèse ne pourra pas se présenter souvent et qu'il n'y aura pas lieu par suite à l'invocation de notre maxime, car l'héritier qui a aliéné, ne fût-ce qu'en partie, des biens compris dans son lot, n'est généralement plus fondé à exercer l'action en rescision.

§ 2. — Confirmation du partage entaché de lésion.

La confirmation est le moyen que la loi met entre les mains des personnes qui peuvent agir en vertu d'une action en nullité relative ou en rescision, afin de renoncer à leur action pour rendre valable un acte qui est entaché d'un vice.

Cette confirmation ou ratification peut être expresse ou tacite (arg. art. 1338, C. civ.).

La confirmation est expresse lorsqu'elle est contenue dans un acte fait dans les formes prescrites par la loi (art. 1338).

La confirmation tacite résulte de l'exécution volontaire de l'acte à l'époque où il pouvait être confirmé.

Toutes ces règles sont applicables à l'action en rescision du partage pour cause de lésion.

A. — *Confirmation expresse.*

Les dispositions de l'article 1338 du Code civil, applicables au partage vicié de lésion, contiennent le principe général. Cet article considère la possibilité de la confirmation de toutes les obligations contre lesquelles la loi admet l'action en nullité ou en rescision comme tellement évidente, qu'il en règle simplement l'exercice.

Pourtant M. Demante (1) a essayé de soutenir que cet article ne pourrait point être applicable à la lésion en raisonnant ainsi :

Si les actes rescindables pour lésion pouvaient être confirmés, ce serait seulement après que la lésion a cessé ; or la lésion ne cesse que lorsque le déficit d'où elle résulte aura été ramené à une proportion telle qu'il ne constitue plus un préjudice ; jusque-là la lésion continuant à exister, le consentement de la partie lésée à l'effet d'éteindre l'action en rescision n'est pas plus efficace qu'il ne l'a été pour empêcher l'action de naître. Le principe qui sert de point de départ à cette opinion est évidemment inexact et la conséquence qu'on en tire est d'après certain auteur inacceptable (2). Il y a des vices, tels les vices du consentement, qui se prolongent ; tant qu'ils subsistent il ne peut être question de confirmation parce que certainement la confirmation serait viciée du même vice que l'acte que l'on veut confirmer. Mais la lésion n'est pas un vice du consente-

(1) T. III, n. 237 *bis*, I.
(2) Laurent, X, n. 510.

ment, elle n'est que le résultat d'une erreur et lorsque cette erreur est reconnue, rien n'empêche le copartageant de ne pas s'en prévaloir et de renoncer au droit d'intenter l'action en rescision.

D'après M. Demante on ne pourrait jamais renoncer à ce droit, car dès que la lésion cesse il n'y a plus d'action en rescision, et la confirmation ne pourrait effacer la lésion, car on ne l'admet que lorsque l'acte n'est plus rescindable.

Cette théorie bizarre a été soutenue par d'autres auteurs qui lui ont apporté leur assentiment en s'appuyant sur l'article 888 du Code civil. Cet article, dit-on, prévoit et autorise la transaction intervenant après partage sur des difficultés réelles, or la ratification est une transaction sur des difficultés imaginaires. L'article 888, nous l'avons vu, a une portée toute différente, il annule la transaction simulée, et non pas la ratification sincère (1).

La sincérité de la confirmation doit être appréciée par le juge, ce n'est que dans le cas de sincérité que cette confirmation pourra avoir un effet. Ce principe constitue en même temps une réponse à l'opinion qui refuse à la confirmation le pouvoir d'éteindre l'action en rescision, sous le prétexte qu'elle pourrait être un moyen trop simple d'empêcher la rescision pour cause de lésion, puisqu'elle pourrait intervenir à un moment très voisin du partage.

(1) V. *suprà*, page 57. Voyez aussi Baudry-Lacantinerie et Wahl, *Successions*, III, n. 4672.

Enfin, il est impossible d'admettre l'opinion de nos adversaires sans tomber dans une inconséquence : le partage rescindable est tout au moins susceptible d'une confirmation présumée, celle qui résulte du silence gardé pendant un laps de 10 ans par le cohéritier lésé (art. 1304, C. civ.). Si tous les auteurs sont d'accord pour considérer l'application de cette disposition, comment admettre que le partage ne pourrait pas être l'objet d'une confirmation expresse ?

Si nous admettons le droit pour le copartageant lésé de renoncer expressément à l'action en rescision, il faut reconnaître que ce droit ne lui appartient que lorsque le partage est consommé, et lorsque cette renonciation ultérieure à l'action est libre sans aucune pression extérieure. La renonciation qui serait faite dans l'acte de partage, n'aurait aucune valeur et n'empêcherait pas l'exercice de l'action en rescision.

L'article 1674 du Code civil le déclare expressément en matière de vente et cette disposition peut et doit être étendue au partage. Le principe est en effet d'ordre public ; renoncer à l'action en rescision d'avance ce serait accepter la lésion, ce qui ne s'expliquerait que par la même pression qui a déterminé la lésion elle-même : en outre, il est facile de voir que si cette renonciation anticipée avait été possible elle serait devenue de style dans les actes de partage. La jurisprudence et la doctrine sont d'accord sur ce point (1).

____

(1) Nîmes, 15 janvier 1839, Dalloz, Rép., V° Succ., n. 2327, Cass., 22 mai

B. — *Confirmation tacite.*

Nous avons dit que la confirmation tacite peut résulter de l'exécution volontaire du partage (arg. art. 1338, alinéa 2, du Code civil).

Les mêmes raisons qui nous ont décidé à admettre la possibilité de confirmer expressément un partage entaché de lésion, nous font admettre la possibilité d'une confirmation tacite ; outre les arguments que nous avons fait valoir plus haut à l'appui de notre opinion, nous avons pour ce cas le texte de l'article 1304 du Code civil qui admet la prescription de dix ans, laquelle n'est fondée, de l'opinion de presque tous les auteurs, que sur l'idée d'une confirmation présumée. L'opinion contraire qui nie la possibilité de confirmer tacitement les partages rescindables a été forcée, pour se soustraire à l'autorité du texte de l'article 1304, de nier son application aux actes entachés de lésion , nous verrons, en parlant spécialement de la prescription, combien cette prétention est peu justiciable ; l'auteur qui l'a avancée est resté seul à la soutenir (2). Enfin on a objecté encore, dans ce sens, le silence de l'article 892 du Code civil sur la lésion ; nous étudierons ci-dessous les dispositions de cet article et nous montrerons que l'objection que l'on nous fait ne peut porter.

1855, Dalloz, 1855.1.197. Demolombe, XVII, n. 417 et les autorités citées.

(2) Mourlon, II, p. 217.

Toutefois la confirmation tacite ne peut avoir lieu que lorsqu'elle survient après le moment où l'héritier lésé a eu connaissance de la lésion : on ne peut pas renoncer à un droit dont on ignore l'existence ; cette connaissance devra être prouvée en cas de contestation.

On se demande à cet égard si la confirmation tacite peut résulter d'une clause de non-garantie insérée dans l'acte de partage : voici exactement l'hypothèse sur laquelle une controverse s'est produite : Un partage a été fait avec la clause de non-garantie ; un cohéritier subit une éviction et il se trouve en même temps qu'il est lésé de plus du quart par le fait de cette éviction. Ce cohéritier peut-il encore agir par l'action en rescision, ou bien est-il considéré avoir renoncé à son action en accédant à la clause de non-garantie? Les auteurs ne sont point d'accord.

1° Dans une première opinion on admet l'affirmative en disant que non seulement cette renonciation ne peut pas intervenir à un moment où le cohéritier n'avait pas connaissance de la lésion, mais que même fût-elle intervenue, elle serait sans valeur, l'article 887 du Code civil ayant eu pour but de créer une disposition d'ordre public (1).

---

(1) Baudry-Lacantinerie et Wahl, *Successions*, III, n. 4479 et 4677. Voyez dans le même sens: Aubry et Rau, VI, p. 572 note 48 et les autorités citées.

L'ancien droit admettait la même solution : D'Argentré, *Coutumes de Bretagne*, article 149 ; Lebrun, l. IV, ch. 1, n. 74; Rousseau et Lacombe, *Jurisprudence civile* ; Mourlon, II, p. 2 dit que s'il a été tenu compte dans

2° M. Laurent est d'un avis contraire et refuse au copartageant évincé toute action pour le motif que la cause d'éviction ayant été prévue, l'éviction ne fait que réaliser les stipulations des parties : un dommage prévu et accepté d'avance ne peut pas donner lieu à une action quelconque en indemnité. Cette décision, M. Laurent la maintient dans le cas plus délicat où il n'a pas été tenu compte, dans l'estimation, de la moins-value résultant du danger d'éviction ; il dit que dans ce cas le copartageant est considéré comme ayant tacitement renoncé à l'action en rescision (1).

Le savant auteur ne nous paraît pas avoir raison ; la renonciation tacite ne peut être faite avant l'exécution du partage parce que les principes le défendent ; la confirmation tacite pour produire son effet doit intervenir après que le copartageant a eu connaissance de la lésion, et spécialement dans notre cas après l'éviction, puisque c'est elle qui produit la lésion.

D'ailleurs il nous semble que M. Laurent lui-même est de notre avis sur d'autres points, notamment lorsqu'il refuse aux copartageants de renoncer d'avance à l'action en rescision et lorsqu'il dit que la confirmation, pour être valable, doit intervenir conformément à l'article 1338 ; pourquoi donc admettre dans notre hypo-

---

l'estimation, de la moins-value du lot résultant du danger d'éviction il n'y a pas place d'accorder l'action en rescision ; en cas contraire oui.

(1) Tome X, n. 455.

thèse spéciale une solution qui est en contradiction avec ces principes mêmes ?

Parmi les actes qui constituent une exécution volontaire et qui entraînent la confirmation tacite, on peut citer :

a) Le paiement de la soulte par le cohéritier auquel appartient l'action, lorsque l'acte de partage en a mis une à sa charge ;

b) Le fait de procéder à la délivrance des lots (1) ;

c) Tous les actes que le copartageant accomplit sur les objets composant son lot à titre de propriétaire.

Que faut-il décider de l'aliénation par le cohéritier lésé de tout ou partie des objets compris dans son lot ?

Constitue-t-elle une fin de non-recevoir contre l'action en rescision ? Une très grande et très intéressante controverse a existé sur cette question ; elle est née de l'interprétation extensive que l'on a donnée à l'article 892 du Code civil en le présentant, à tort, comme une application du principe général contenu dans l'article 1338 du Code civil.

En effet l'article 1338 exige, pour la confirmation tacite d'un acte rescindable ou annulable, l'exécution volontaire de cet acte à une époque déterminée ; or peut-on dire que l'aliénation par un cohéritier lésé de tout ou partie des objets contenus dans son lot, constitue une exécution volontaire du partage ?

(1) Demolombe, XVII, n. 483.

Evidemment non. Exécuter un partage, cela signifie remplir toutes les obligations que cet acte impose, et l'aliénation de tout ou partie d'un lot par un cohéritier, fût-il lésé ou non, n'est point une obligation de cette nature. L'application de l'article 1338 doit donc être écartée de la discussion.

Mais l'article 892 contient une disposition en vertu de laquelle l'aliénation de son lot par le cohéritier, à un certain moment, constitue une fin de non-recevoir contre l'action en nullité fondée sur le dol ou la violence. Cette disposition doit-elle être étendue à la lésion?

Oui, a-t-on dit, la disposition de l'article 892 est fondée sur l'idée de confirmation tacite, et s'il en est ainsi pourquoi l'aliénation ne constituerait-elle pas une fin de non-recevoir contre l'action en rescision?

Nous pensons qu'on interprète faussement la disposition de l'article 892 en la rattachant à l'article 1338, c'est-à-dire en disant que l'aliénation constitue une exécution volontaire du partage, et comme dans l'opinion contraire on ne repose que sur le rapprochement des deux textes, nous la repoussons absolument. La véritable explication de l'article 892, c'est qu'il constitue une disposition toute exceptionnelle : il admet que l'aliénation, qui, nous le répétons, ne constitue pas une exécution volontaire du partage, ratifie cet acte par la présomption de renonciation à l'action en nullité.

Mais puisque l'article 892 constitue une disposition toute exceptionnelle, elle doit être strictement interprêtée ; elle ne peut être appliquée que dans les cas expressément prévus de dol et de violence ; la lésion restant absolument en dehors du texte.

Ainsi l'aliénation des objets compris dans son lot ou du lot tout entier par le copartageant lésé ne rentrant, ni dans la règle générale de l'article 1338, ni dans l'exception de l'article 892, il en résulte qu'elle n'aura aucun effet en principe sur l'action en rescision.

Telle est aujourd'hui l'opinion la plus répandue. C'est celle qu'a définitivement suivie la jurisprudence, à la suite de la majorité des auteurs ; c'est aussi la seule conciliable avec les textes et les principes, c'est enfin la seule qui soit rationnelle, car le plus souvent le cohéritier lésé n'acceptera un lot d'une valeur inférieure à celui des autres, pour vendre ensuite les biens qui lui sont échus, que parce qu'il aura été forcé par un impérieux besoin d'argent ; tout cela s'enchaîne, et il n'est pas vrai de dire que l'héritier renonce librement à l'action en rescision lorsqu'il vend ; il est toujours sous l'influence de cette même contrainte morale, le besoin pressant d'argent.

MM. Aubry et Rau partagent la même opinion ; le législateur a passé sous silence le mot lésion dans l'article 892, disent les savants auteurs, parce qu'il a établi une présomption d'ignorance de la lésion par le cohéritier qui aliène son lot. Mais comme cette présomption est de celles qui admettent la preuve contraire, MM. Aubry et Rau peuvent admettre, sans se contredire, que l'aliénation peut constituer quelquefois une renonciation à l'action en rescision (1).

Plusieurs opinions contraires ont été soutenues sur cette question ; elles sont aujourd'hui toutes abandonnées ; il est pourtant intéressant d'en rappeler quelques-unes auxquelles il faut attribuer vraisemblablement les hésitations de la jurisprudence.

1. La première admet la recevabilité de l'action en rescision malgré l'aliénation faite par le copartageant, toutes les fois qu'il n'est pas justifié que cette aliénation a eu lieu en connaissance de la lésion. Cette opinion paraît au premier abord assez juste et la jurisprudence ne s'était pas prononcée réellement avant 1851 entre le système que nous avons exposé plus haut et celui-ci. C'est seulement à cette époque qu'un arrêt de la Cour de cassation a tranché la question contrairement à cette opinion. A notre sens, la Cour a eu raison ; en effet, si l'on examine de plus près cette dernière opinion, on voit qu'elle est en contradiction avec les principes posés par les textes ; son point de départ est dans le rapprochement des articles 892 et 1338 du Code civil, or n'avons-nous pas montré que l'article 892 n'est pas une application de l'article 1338 ? On peut encore lui reprocher de ne pas expliquer le silence que l'article 892 a gardé sur la lésion si cet article lui est applicable (2).

(1) Tome VI, § 626, notes 39 et 40.
(2) Belost-Jolimont sur Chabot, art. 892, obs. 1.

2. D'autres auteurs ont refusé au copartageant qui a
aliéné des biens de son lot l'action en rescision, pour le
motif que ce copartageant se trouve, par le fait de l'aliénation, dans l'impossibilité de rapporter les objets aliénés afin de procéder à un nouveau partage. Il n'est pas
difficile de réfuter cette argumentation : l'aliénation
n'empêche pas un nouveau partage parce que le cohéritier qui a aliéné son lot en tout ou en partie peut être
forcé à rapporter la valeur des biens aliénés (1).

3. Enfin dans une troisième opinion Chabot admet
aussi l'impossibilité, pour le copartageant qui a aliéné
son lot, d'exercer l'action en rescision parce que le copartageant qui est en possession de son lot se trouve en
mesure de vérifier la lésion et que l'aliénation implique
la présomption que cette vérification a eu lieu.

On pourrait répondre à cela que c'est là créer une
présomption qui n'existe nulle part dans les textes ;
mais en outre, pour soutenir cette opinion il faut encore
dire que l'article 892 est une application particulière
de l'article 1338, et nous le répétons, cette affirmation
n'est pas exacte.

Nous avons dit que l'opinion généralement adoptée
par la doctrine et qui refuse à l'aliénation l'effet d'a-
néantir l'action en rescision est soutenue aussi par la
jurisprudence ; la Cour suprême fait cependant une
réserve, elle dit que l'aliénation peut, suivant les cir-

____

(1) Delvincourt et Malpel.

constances de fait, être considérée comme constituant une renonciation à l'action en rescision. Ces circonstances sont : la connaissance de la lésion et l'intention de renoncer au bénéfice de l'action résultant de l'aliénation.

Comment cette restriction est-elle possible ? L'aliénation ne constituant point, nous l'avons dit, une exécution volontaire, ne peut pas rentrer dans la définition que l'article 1338 donne de la confirmation tacite. La réponse est facile. L'article 1338 du Code civil, dans son deuxième alinéa, n'a pas un caractère limitatif ; lorsqu'il parle d'exécution volontaire, ce n'est qu'à titre d'exemple qu'il cite les actes d'exécution, il n'exclut pas la possibilité d'une autre ratification tacite résultant de la volonté de renoncer, pourvu que cette volonté ne soit pas douteuse. On ne peut donc pas dire d'une façon absolue qu'un copartageant qui, en connaissance de la lésion qu'il a subie, a aliéné son lot, n'a pas pour cela renoncé à son action.

La Cour de cassation a admis une opinion plus radicale en disant que le simple fait d'avoir connu la lésion en aliénant, constitue une renonciation (1). Il nous est impossible de partager une opinion semblable car elle tend à établir une présomption légale d'intention de la part du copartageant lésé, qui n'est écrite dans aucun texte et qui est contraire à l'article 1338 du Code civil.

____

(1) Cass., 4 décembre 1850, Dalloz, 1850.1.337.

Mais dans un autre arrêt, la Cour de cassation a fait une application fort exacte de l'article 1338 ; elle exige, pour que l'aliénation entraîne renonciation, la preuve de la connaissance de la lésion et l'intention de renoncer à l'action en rescision (1).

Ceux qui n'admettent point cette manière de voir, se fondent sur l'idée que nous avons réfutée, que l'action en rescision pour cause de lésion ne peut pas être confirmée avant que la lésion ne soit réparée.

Nous ne pouvons mieux faire, pour résumer l'opinion générale sur cette question de savoir si l'aliénation par le cohéritier des biens de son lot constitue une fin de non-recevoir contre l'action en rescision, que de rappeler les termes dans lesquels s'expriment MM. Aubry et Rau à cet égard, car ils sont admirables de netteté et de concision :

« L'aliénation faite par le demandeur en rescision de tout ou partie des objets compris dans son lot n'entraîne pas, cût-elle eu lieu après connaissance acquise de la lésion, une fin de non-recevoir à raison de laquelle le juge soit nécessairement obligé de rejeter son action.

« Mais une pareille aliénation peut, suivant les circonstances, dont l'appréciation est entièrement laissée au pouvoir discrétionnaire des tribunaux. être considérée comme constituant, de la part de celui qui l'a consentie en connaissance de cause, une renonciation à l'action en rescision qui lui compétait. »

(1) Cass., rejet, 18 février 1851, Dalloz, 1851.1.294.

C. — *Effets de la confirmation.*

La confirmation expresse ou tacite qui intervient en temps utile a pour effet d'arrêter ou d'éteindre l'action en rescision pour cause de lésion, et de donner au partage la validité qu'il aurait eue, s'il avait été fait sur le pied de la plus stricte égalité.

§ 3. — Prescription.

La prescription extinctive de 10 ans de l'article 1304 est applicable à toutes les actions en nullité ou en rescision des conventions à moins qu'une disposition particulière ne vienne y déroger.

Le partage frappé de lésion est une convention rescindable, et comme aucune disposition particulière ne limite la durée de l'action en rescision, l'article 1304 du Code civil avec la prescription extinctive de 10 ans lui est applicable.

Nous disons qu'aucune disposition particulière n'a fixé à un autre délai la prescription extinctive de notre action ; et pourtant tout le monde n'est pas de cet avis : certains auteurs ont prétendu que la prescription de deux ans édictée par l'article 1676 du Code civil à l'action en rescision pour cause de lésion de la vente devait être étendue à l'action en rescision pour cause de lésion du partage.

A notre avis l'application de l'article 1676 au partage

est impossible, et il faut se garder de la faire ; nous avons maintes fois dit que les dispositions relatives à l'action en rescision de la vente dérogent aux principes généraux, elles sont spéciales et exceptionnelles ; l'on ne doit pas les étendre en dehors du texte et spécialement au partage.

Mais la prescription de dix ans n'est pas non plus la prescription extinctive ordinaire des actions, c'est la prescription de 30 ans qui remplit cet office.

Il ne faut donc pas étendre l'article 1304 au delà des limites dans lesquelles il est conçu : la prescription de dix ans ne peut s'appliquer qu'aux conventions c'est-à-dire aux actes volontaires ; d'où il résulte qu'il faut exclure de son application les partages faits en justice et entachés de lésion ; pour ceux-là, la durée de prescription de l'action en rescision sera de 30 ans (arg. article 2262).

La prescription de dix ans de l'article 1304 repose sur une présomption de ratification ; celui qui pendant dix ans garde le silence et n'intente pas l'action en rescision pour cause de lésion, quand il peut le faire, est considéré comme renonçant à ce droit et ratifie implicitement le partage. C'était déjà l'avis de Jaubert dans son rapport au Tribunat (1) et c'est aujourd'hui l'opinion généralement admise (2). Il serait même très diffi-

____

(1) Rapport, n. 60. Locré, VI, p. 219.
(2) Baudry-Lacantinerie et Wahl, *Succ.*, III, n. 4694 ; Laurent, XIX, n. 1 ; Aubry et Rau, IV, § 339, note 3 et les autorités citées. Voyez en sens contraire, Zachariæ, § 339, note 15.

cile d'après MM. Aubry et Rau d'assigner à la disposition de l'article 1304 une autre raison d'être.

La conséquence logique de cette opinion c'est que la prescription de dix ans ne peut s'appliquer qu'aux actes annulables ou rescindables susceptibles d'être confirmés (1).

Le délai de dix ans est une véritable prescription du droit d'agir en rescision. Pourtant tout le monde n'est point de cet avis. Un parti nombreux dans la doctrine soutient que le délai de l'article 1304 n'est point une véritable prescription, mais un délai préfixe passé lequel le titulaire de l'action encourrait une déchéance ; le texte même de l'article 1304 qui ne parle pas du tout de prescription a fourni un argument en ce sens.

A notre avis cette théorie n'est pas fondée : l'article 1304 ne contient pas il est vrai le mot prescription, mais il en contient bien le principe ; spécialement, à l'égard de l'action en rescision du partage, le délai de dix ans éteint l'action, le défendeur acquiert définitivement les droits que le partage lui conférait déjà mais dont il aurait pu être dépouillé si le demandeur avait agi ; or c'est là l'effet ordinaire de la prescription.

L'intérêt de prendre parti entre ces deux opinions est grand, car si le délai de l'article 1304 est un délai de prescription, on devra appliquer les règles relatives à l'interruption et à la suspension de la prescription ; au

____

(1) Pau, 13 mai 1890, Sirey, 1891.2.228.

contraire si c'est un délai de déchéance, il n'y aura ni suspension ni interruption possible. Nous nous sommes nettement prononcé dans le premier sens avec la majorité de la doctrine et la jurisprudence, nous devons donc admettre que la prescription de l'action en rescision du partage est susceptible d'être suspendue ou interrompue dans tous les cas et par tous moyens indiqués par la loi au titre de la prescription.

Quelques-uns des partisans de notre système ont pourtant cru trouver un cas dans lequel les règles admises en matière de suspension de la prescription ne seraient point applicables à notre action : c'est le cas où le cohéritier lésé serait mineur. On fait observer, à l'appui de cette opinion, que les mineurs sont d'après l'article 1314 du Code civil, en ce qui concerne les partages faits avec les formalités légales édictées pour leur perfection, considérés comme s'ils avaient été majeurs, par suite, dit-on, le délai de dix ans doit commencer à courir pour eux comme pour les majeurs du jour où le vice a cessé, par conséquent peut-être pendant leur minorité.

Nous ne pensons pas que cette opinion soit justifiée, elle repose sur une interprétation inexacte de l'article 1314. En effet, cet article a entendu placer le mineur dans la même situation que le majeur au point de vue de la lésion dont il doit justifier ; il signifie qu'une lésion quelconque ne sera pas suffisante pour conférer au mineur le droit d'attaquer un partage, qu'il faudra qu'il justifie d'une lésion de plus du quart, tout comme un majeur ; mais c'est là toute la portée de notre article, il constitue une dérogation à l'article 1305 mais point à l'article 2252 du Code civil (1).

Quel est le point de départ de la prescription de l'article 1304 ? La question est controversée ; dans une opinion on admet que le délai de dix ans commence à courir à dater du jour du partage ; dans une autre on soutient qu'il ne commence que du jour où la lésion a été découverte.

Quels sont les arguments que l'on fait valoir de part et d'autre :

1ᵉʳ Système. — La prescription court du jour où la lésion est découverte (2). On admet, dit-on, que l'expiration du délai de dix ans n'est que la confirmation présumée du partage, or pour que la confirmation puisse avoir lieu il faut que le vice soit connu de la part de celui qui confirme ; si l'on admet que le délai de dix ans court du jour du partage, on admet implicitement la présomption que le cohéritier est censé connaître la lésion, présomption que l'on ne peut appuyer sur aucun texte.

2ᵉ Système. — La prescription court du jour même

(1) Baudry-Lacantinerie et Wahl, *Successions*, III, n. 4698 ; Laurent, XIX, n. 4 ; Aubry et Rau, VI, § 339 texte et note 41.

(2) Baudry-Lacantinerie et Wahl, *Successions*, III, n. 4694 ; Laurent, X, n. 498 ; Le Sellyer, III, n. 1888 ; Fuzier-Herman, article 892, n. 9 ; Belost Jolimont sur Chabot, article 892, obs. I. Aix, 12 décembre 1839, Dalloz, *Successions*, n. 233.

du partage. Dans cette opinion qui est soutenue par la
majorité des auteurs, on dit : bien que la prescription
soit fondée sur une confirmation tacite, ce n'est pas une
raison pour en déduire qu'elle ne commence à courir
qu'après la connaissance de la lésion ; au contraire, la
prescription repose sur un consentement fictif, elle ne
résulte pas de la volonté de la personne mais de celle de
la loi qui la prononce à titre de peine contre celui qui
par sa négligence tarde à faire rescinder le partage.
L'article 1304 du Code civil d'ailleurs est muet sur la
lésion et s'il admet qu'à l'égard des vices du consentement la prescription ne court que du jour où ils cessent
ou du jour où ils sont découverts, on ne peut pas étendre cette disposition à la lésion qui n'est pas un vice du
consentement ; la partie est libre, ajoute-t-on, de vérifier
l'existence de la lésion dès le moment du partage, pourquoi donc étouffer le point de départ de la prescription ? Enfin on fait une assimilation entre la prescription
de l'action en rescision en matière de partage et l'action
en rescision en matière de vente : pour la vente, dit-on,
le délai commence à courir à partir du moment même
où l'acte est intervenu, il doit en être par analogie de
même en ce qui concerne le partage (1).

Nous n'hésitons pas à nous rallier au premier système pour la raison que nous avons fait valoir en nous
expliquant sur le fondement de la disposition de l'arti-

(1) Aubry et Rau, VII, 626, note 42 et les autorités citées. Huc, VIII,
n. 192.

cle 1304 : si l'on admet que la prescription est une confirmation tacite, on est tenu de lui en appliquer les règles. Il n'est d'ailleurs pas bien exact de dire que la prescription n'est pas volontaire : elle l'est puisqu'on est libre de l'interrompre ou de la laisser courir. Si l'article 1304 ne parle pas de la lésion c'est qu'il a entendu la maintenir sous l'application de la règle générale en matière de confirmation présumée, c'est-à-dire que la confirmation ne peut intervenir qu'en connaissance du vice. Enfin nous repoussons l'assimilation que l'on tente de faire entre la vente et le partage : nous répétons encore ici que ce ne sont pas les mêmes principes qui ont guidé le législateur dans l'adoption des dispositions relatives à ces deux contrats, et que les règles de la rescision en matière de vente sont des règles exceptionnelles qu'il est impossible d'étendre au partage. Nous disons donc que le délai de 10 ans après lequel l'action en rescision pour cause de lésion ne peut plus être intentée, commence à courir seulement le jour où la partie lésée aura eu connaissance de la lésion.

Si l'on admet l'opinion pour laquelle nous nous sommes prononcé sur la question précédente, il pourra arriver que l'application de l'article 2262 du Code civil, c'est-à-dire de la prescription de 30 ans, pourra être admise concurremment avec l'application de l'article 1304 ; il suffit pour cela qu'il se soit écoulé 30 ans depuis le partage, annulable pour lésion, alors qu'il ne s'est point encore écoulé 10 ans depuis que le cohéritier lésé a eu connaissance de la lésion. A l'expiration de ce délai de 30 ans, l'action en rescision sera éteinte, car la règle de l'article 1304 ne doit point faire obstacle à l'application de l'article 2262 qui fixe, en vertu d'un principe d'ordre public, la durée normale des actions à 30 ans du jour où l'acte a été passé. La jurisprudence et la doctrine se prononcent généralement en ce sens à l'égard de l'action en nullité pour dol, erreur ou violence ; il n'y a pas de raison sérieuse pour ne point étendre cette règle à l'action en rescision pour cause de lésion (1).

On a invoqué pour soutenir l'opinion contraire l'article 2264 du Code civil et la maxime : *Specialia generalibus derogant* (2).

Il nous suffit de répondre que cette opinion est contraire à l'esprit qui a guidé le législateur en édictant la prescription décennale de l'article 1304 : on a voulu abréger la durée de l'action en rescision parce que cette action mérite moins de faveur que les actions ordinaires, qui ne se prescrivent que par 30 ans, or il est impossible d'interpréter cet article dans un sens tout à fait contraire à son esprit.

La prescription décennale admise lorsque la resci-

(1) V. en ce sens : Paris, 22 juillet 1853, Sirey, 1854.2.49 et la note de M. Duvergier. Aubry et Rau, IV, § 339, texte et note 42 ; Laurent, XIX, n. 53.

(2) V. en ce sens : Valette, Duranton et Demante, note sous Sirey, 1854.2.49 précité ; Larombière, sur l'art. 1304, n. 29 ; Demolombe, VI, n. 165 ; Baudry-Lacantinerie, *Précis de droit civil*, II, n. 1167.

sion est prononcée par voie d'action, doit être admise également lorsqu'elle est proposée par voie d'exception ; c'est-à-dire lorsqu'on l'offre en qualité de défendeur.

Cette question qui se pose également pour toutes les hypothèses où l'article 1304 trouve son application, est très controversée ; elle revient à se demander si la maxime : *quae temporalia sunt ad agendum perpetua sunt ad excipiendum* est admise par le Code civil.

Pour donner un exemple d'un cas où cette question pourra se poser dans notre matière, il suffit de supposer que le partage ayant été effectué, un des cohéritiers a conservé la possession des choses mises dans le lot d'un autre ; celui-ci laisse écouler un délai de plus de 10 ans avant d'exercer son action en restitution, le cohéritier détenteur actionné qui, nous le supposons, a été lésé dans le partage, est-il encore recevable à se prévaloir de la lésion qu'il a subie ? Nous n'hésitons pas à adopter l'affirmative. Et notre opinion se justifie d'abord par ce motif que la défense est de droit naturel et qu'elle doit être permise aussi longtemps que l'attaque l'est elle-même ; d'un autre côté, l'exception ne pouvant naître que du jour où l'action est formée, ne peut commencer à se prescrire avant ce moment même car la prescription ne court pas contre un droit qui n'est pas encore né, qui n'est pas encore ouvert.

A l'objection déduite par la doctrine contraire d'une prétendue confirmation par le défendeur qui a gardé le silence pendant 10 ans il est facile de répondre. La prescription de l'article 1304 repose bien sur une présomption de confirmation tacite, mais cette présomption n'est admissible que contre la partie qui, après avoir exécuté la convention, reste dans l'inaction pendant 10 ans, car il s'agit alors pour cette partie de recouvrer la prestation qu'elle a fournie, et si elle se tait pendant le délai que la loi lui accorde pour se faire restituer, c'est qu'évidemment elle renonce au droit qu'elle possède à cet égard. La présomption de confirmation manque au contraire absolument de base, si l'on veut en faire application à la partie qui n'a pas exécuté la convention et qui est restée en possession de la chose qu'elle devait. Son silence pendant le délai légal n'implique plus alors sa renonciation au droit de se prévaloir de la nullité de la convention ; il peut s'expliquer indépendamment de toute idée de ratification, par des motifs très légitimes et très naturels, comme par le désir d'éviter les embarras et les frais d'un procès, ou de ne pas perdre l'avantage de la situation de possesseur et de défendeur (1).

(1) V. en ce sens, Cass., 5 avril 1837, Sirey, 1837, 1.436 ; 1ᵉʳ décembre Sirey, 1846, 1847.1.289 ; 21 juin 1880, Sirey, 1881.1.297. *Sic*, Toullier, t. III, n. 212 ; Vazeilles, II, n. 506 ; Troplong, *Prescription,* II, n. 827 et s.; Larombière sur article 1304, n. 34 ; Demolombe, VI, n. 137 ; Aubry et Rau, IV, § 339, p. 278.

V. en ce sens contraire : Toulouse, 18 novembre 1836, Sirey, 1837.2. 324. *Sic*, Marcadé sur article 1304, n. 3 ; Duranton, XII, n. 549 : Duvergier sur Toullier, VII, n. 601 note a ; Colmet de Santerre, V, n. 265 *bis*, VI et s.; Laurent, XIX, n. 59 et s ; Baudry-Lacantinerie, *Précis*, II, n. 1169.

CHAPITRE V

§ 1. — Effets entre les parties.

L'action en rescision, une fois admise, son effet est de faire tomber le partage et de rétablir l'indivision entre tous les cohéritiers, c'est-à-dire que l'indivision est censée n'avoir jamais cessé d'exister. Le rétablissement de l'indivision à l'égard de tous les cohéritiers est une suite naturelle de l'indivisibilité de l'action en partage (1).

Deux conséquences dérivent du rétablissement de l'indivision :

1° Les cohéritiers copropriétaires peuvent intenter une nouvelle action en partage, et cela sans distinguer entre les cohéritiers qui avaient, et ceux qui n'avaient pas l'action en rescision contre le premier partage.

2° Tous les cohéritiers sont obligés, à cette fin, de rapporter à la masse les objets compris dans leur lot.

Le rapport devra se faire en nature, c'est la conséquence directe du rétablissement rétroactif de l'indivision. Pourtant le rapport devra être fait en moins pre-

(1) Cass., 5 décembre 1887, Sirey, 1888, 1, 425.

nant, toutes les fois que les biens sont sortis des mains du copartageant et lorsqu'une disposition spéciale de nos lois protégera les tiers détenteurs contre l'effet de la rescision. Tel est le cas où des meubles corporels se trouvent entre les mains de tiers détenteurs qui sont protégés par l'article 2279 du Code civil. La solution serait, d'après certains auteurs, la même pour les immeubles ; sans entrer dans la discussion de cette controverse que nous examinerons spécialement plus loin, nous pouvons dire dès à présent, qu'en principe, le rapport des immeubles aliénés se fait en nature.

Lorsque le rapport se fait en nature, ce sera l'indivision qui profitera de la plus-value que les biens auront acquise ; ce sera toujours l'indivision qui subira les risques pour le cas où les biens auraient diminué de valeur, ou auraient totalement péri par cas fortuit. Dans ce dernier cas, le copartageant dans le lot duquel avait été placé ce bien, sera libéré ou ne devra que la chose dans l'état où elle se trouve.

Si au contraire les améliorations ou les diminutions ne sont pas le résultat du cas fortuit, si c'est par la faute ou par le simple fait du copartageant que ces variations de valeur se produisent, il y aura un compte à régler entre la masse indivise et le copartageant qui devra le rapport. Ainsi pour les biens détruits autrement que par cas fortuit ce sera le copartageant qui les avait dans son lot qui supportera les conséquences de la perte, il devra rapporter la valeur de ces biens calculée, ainsi que nous le dirons plus loin, d'après la valeur des biens au jour du premier partage. Si les biens ont seulement diminué de valeur, le copartageant devra une indemnité égale à la différence entre la valeur actuelle et la valeur qu'il avait au moment du premier partage.

Réciproquement, le copartageant qui aura par son fait augmenté la valeur des biens aura droit au remboursement de ses impenses d'après le principe que nul ne peut s'enrichir aux dépens d'autrui.

a) Les impenses nécessaires, celles sans lesquelles la chose aurait péri ou tout au moins se serait détériorée, sont remboursables pour le tout, en supposant toutefois que le cohéritier ait agi en bon père de famille.

b) Les impenses utiles, celles qui sans être nécessaires à la chose lui font acquérir une plus-value, ne donnent droit qu'au remboursement de la plus-value qu'elles ont procurée. parce que, en tant qu'elles excèdent cette plus-value, elles constituent une fausse spéculation dont l'auteur reste responsable.

c) Les impenses voluptuaires, celles qui n'ont pour but que d'agrémenter le fond, ne donnent droit à aucun remboursement ; l'auteur aura seulement la faculté de reprendre ce qui peut être enlevé sans nuire au fond.

Les biens dont le rapport sera fait en moins prenant, c'est-à-dire les meubles qui sont entre les mains des tiers possesseurs ou les immeubles aliénés dans les cas où l'aliénation est maintenue, seront estimés d'après leur valeur au jour du premier partage ; on ne pourra dans aucun cas exiger le rapport du prix auquel ils ont été vendus (1).

On a soutenu pourtant dans l'opinion contraire que les copropriétaires auraient à exercer le choix entre la valeur de la chose au moment du premier partage, c'est-à-dire la valeur pour laquelle il a été mis dans le lot d'un copartageant et le prix de vente (2) ; on fait valoir à l'appui que les copropriétaires ont le droit de prendre l'aliénation à leur compte puisque l'indivision est censée n'avoir jamais cessé d'exister. Cette opinion a été combattue (3) et avec raison, à notre sens. Pour que l'aliénation puisse passer au compte de l'indivision il faut invoquer la gestion d'affaire, ce qui ferait supposer que le vendeur a agi pour le compte de ses copropriétaires ; or il est impossible dans notre hypothèse de faire intervenir ce quasi-contrat, car le vendeur a agi et n'a voulu agir que pour son propre compte. D'ailleurs, en appliquant l'effet rétroactif de l'indivision, on arriverait à une solution tout à fait contraire à celle que nos adversaires ont tirée de leur argument : la vente en question sera non pas considérée comme faite au profit de l'indivision mais nulle comme ayant été faite pendant l'indivision sans le concours de tous les copropriétaires (4).

(1) Cass., 12 janvier 1863, Dalloz, 1863.1.119 : Cet arrêt tout en refusant le rapport du prix de vente de l'objet se place pour en estimer la valeur rapportable au moment où l'aliénation est faite.

(2) Demolombe, XVII, n. 508 ; Toullier, III, p. 400.

(3) Baudry-Lacantinerie et Wahl, *Successions*, III, n. 4635.

(4) L'opinion de Demolombe est conciliable avec la théorie qu'il

On a soutenu également que la valeur des biens rapportés en moins prenant devait être appréciée au jour où intervient le second partage ; on a dit à l'appui de cette opinion que le premier partage étant résolu rétroactivement l'indivision n'avait jamais cessé d'exister, et que l'on devrait faire abstraction absolue de tout ce qui avait été fait antérieurement (1). Nous ne croyons pas que cette opinion doive être admise ; en effet, si l'indivision est réputée n'avoir pas cessé d'exister, il n'y a pas moins eu volonté bien manifestée de la part des copropriétaires de faire le partage au jour où est intervenu l'acte rescindé dans la suite, et par conséquent c'est à ce moment-là que l'on doit se placer pour apprécier la valeur des biens à partager.

Une autre conséquence du rétablissement rétroactif de l'indivision, c'est que le droit de jouissance n'a pas cessé d'appartenir à l'hérédité ; les cohéritiers ayant perçu les fruits depuis le partage en devront le rapport. Cette disposition conforme à tous les principes du Code civil, a paru tellement sévère que la doctrine et la jurisprudence ont fait des efforts prodigieux pour s'y soustraire.

On a cherché à conserver aux cohéritiers les fruits perçus par eux jusqu'au moment de l'action en resci-

soutient sur l'effet de la rescision au profit des tiers. Nous verrons *infrà* que le savant auteur maintient au profit des tiers les aliénations qui leur ont été consenties, tout en reconnaissant que la rescision produit un effet rétroactif.

(1) Baudry et Wahl, *Successions*, III, n. 4638.

sion en assimilant le partage rescindé à un partage provisionnel. Dans un partage provisionnel, a-t-on dit, les héritiers gardent les fruits, et la Cour de Caen a même jugé qu'un partage rescindé avait tous les effets d'un partage provisionnel quant à la perception des fruits (1). Mais cette argumentation par analogie n'est pas sérieusement soutenable, parce que le partage nul ne peut avoir les effets d'un partage provisionnel : les parties qui ont fait un partage nul n'en avaient pas moins voulu faire un partage définitif ; en outre on ne peut pas dire qu'il y a partage provisionnel légal, parce que la loi prévoit expressément les cas où un partage irrégulier est transformé en partage provisionnel, or le partage entaché de lésion n'est pas compris dans son énumération.

Dans une autre opinion, pour conserver aux cohéritiers le bénéfice des fruits par eux perçus, on a argumenté de l'article 549 du Code civil, en assimilant les héritiers à des possesseurs de bonne foi (2).

Nous ne pouvons pas admettre cette opinion qui a été légitimement combattue par plusieurs auteurs (3). En effet, l'article 549 du Code civil no peut recevoir ici aucune application ; il suppose une action en revendi-

____

(1) 5 décembre 1849, Dalloz, 1854.2.197.V. dans le même sens Nîmes, 2 août 1827, Dalloz, *Rép.*, V° *Succ.*, n. 2354.

(2) Demante, III, n. 239 *bis* ; Aubry et Rau, VII, § 526, texte 31 ; Toullier, IV, n. 572 ; Hureaux, V, n. 64 ; Chabot, art. 891, n. 3 ; Fuzier Herman, art. 892, n. 53. Cass., 12 janvier 1863, V. précite.

(3) Laurent, X, n. 511 ; Baudry-Lacantinerie el Wahl, *Succ.*, III, 4639.

cation intentée par un propriétaire contre un tiers possesseur qui fait les fruits siens s'il possède en vertu d'un titre translatif de propriété dont il ignore les vices. Or dans notre cas la bonne foi n'a rien à voir, parce que ceux envers qui on l'invoque, les cohéritiers, n'ont pas possédé pour leur compte ; la rescision produisant un effet rétroactif, c'est la succession qui a été le véritable possesseur.

La jurisprudence paraît pencher du côté de l'opinion contraire ; elle distingue entre le possesseur de bonne ou de mauvaise foi pour la conservation des fruits jusqu'au moment où l'action en rescision est intentée.

Ces deux opinions que nous avons relevées, qui toutes deux conservent aux héritiers les fruits perçus par eux pendant le partage rescindé, et que nous ne croyons pas pouvoir admettre, diffèrent entre elles sur un certain point : celle qui argumente par analogie avec le partage provisionnel, donne toujours aux cohéritiers le droit de garder les fruits ; l'autre qui est basée sur l'article 549 du Code civil refuse ce droit toutes les fois que la mauvaise foi peut être démontrée ; on dit dans cette opinion que la lésion ne fait pas, comme le dol ou la violence, présumer la mauvaise foi, et qu'en conséquence, la mauvaise foi doit être prouvée conformément aux principes généraux.

Enfin, dans une dernière opinion, on argumente de l'article 138 du Code civil. Cet article, a-t-on dit, qui attribue les fruits de la succession à l'héritier putatif, est à plus forte raison applicable au véritable cohéritier qui, après un partage rescindable, a perçu de bonne foi les fruits des objets tombés dans son lot. Nous répondons à cet argument : 1° que si l'article 138 fait bénéficier les personnes qui ont éventuellement recueilli la succession de l'absent, des fruits perçus, c'est parce qu'ils sont considérés comme des possesseurs de bonne foi auxquels l'article 549 du Code civil doit être appliqué ; or, nous avons refusé d'assimiler les copartageants à des possesseurs de bonne ou de mauvaise foi, ce sont de simples détenteurs ; 2° que l'on peut expliquer la libéralité dont l'article 138 fait preuve vis-à-vis des possesseurs de la succession de l'absent par cette circonstance que ces possesseurs remplissent, en gérant les biens de l'absent, une obligation sous leur responsabilité, et que la loi a voulu ainsi leur donner une compensation de l'obligation qu'elle mettait à leur charge.

De l'opinion que nous avons admise et qui nous paraît la plus conciliable avec le principe de la rétroactivité de la rescision, il résulte qu'aucune compensation entre les jouissances respectives des cohéritiers ne peut avoir lieu. La jurisprudence et la majorité des auteurs sont sur ce point d'un avis contraire. Nous voulons bien admettre que ce système serait plus équitable, mais nous répétons qu'il est impossible de le soutenir sans violer le principe qui gouverne l'effet rétroactif de l'action en rescision.

Les intérêts des créances héréditaires sont payés, d'après le même principe, depuis le partage ; les intérêts des soultes que certains cohéritiers ont payés leur sont remboursés du jour où ils ont été payés.

§ 2. — **Effets à l'égard des tiers**.

La rescision du partage a pour effet de résoudre les droits qui ont pu être conférés à des tiers par les cohéritiers sur les biens mis dans leur lot (1). Ces droits seront considérés comme non avenus parce que l'indivision n'ayant jamais cessé d'exister, ceux qui les ont transmis n'avaient pas qualité pour le faire en vertu du principe que nul ne peut transmettre plus de droits qu'il n'en a lui-même, principe proclamé dans l'article 2125 du Code civil en matière d'hypothèque et qui, d'un avis unanime, doit être étendu aux autres droits réels.

Les tiers ne pourraient même pas réclamer la conservation de leurs droits en alléguant qu'ils ont contracté avec la succession ; pour que cela fût possible, il eût fallu que tous les cohéritiers aient concouru à l'acte, car l'un des copropriétaires indivis ne peut pas sans l'assentiment des autres consentir des actes de disposition sur les choses indivises. Tel est le principe ; bon ou

(1) Cass., 29 juin 1859, 26 octobre 1887, 5 décembre 1887, Sirey, 1860.1.885 ; 1889.1.449 ; 1888.1.425. *Sic* : Toullier, IV, n. 573 ; Chabot, art. 887, n. 5 ; Poujol, art. 887, n. 6 ; Malpel, n. 312 ; Laurent, X, n. 552 ; Demolombe, XVII, n. 505 ; Hureaux, V, n. 66 ; Dutruc, n. 637 ; Baudry et Wahl, *Succ.*, III, n. 4642.

mauvais, il découle de nos lois et nous sommes forcés d'en admettre les conséquences.

Ce principe souffre pourtant deux restrictions importantes. Les aliénations et les constitutions de droits réels consenties depuis le partage rescindé doivent être maintenues dans deux cas :

1° Lorsque tous les cohéritiers auront concouru à l'acte. C'est alors la succession, elle-même, qui est censée avoir consenti les droits.

2° Dans tous les cas où il sera possible de maintenir les droits consentis aux tiers, en respectant le principe de la rétroactivité de la rescision, comme dans le cas où le bien qui a fait l'objet de l'aliénation ou sur lequel des droits réels ont été consentis, échoit au même cohéritier à la suite du nouveau partage, car dans ce cas le cohéritier n'a pas cessé d'être propriétaire en vertu du principe déclaratif du partage.

3o Enfin il faut admettre que les actes passés par les cohéritiers devront être respectés chaque fois qu'ils ne dépassent pas les limites des actes d'administration.

Une grande et très intéressante discussion s'est élevée sur la question de savoir quel sort devaient subir les actes d'aliénation.

Il a semblé injuste de faire souffrir les tiers de la rescision du partage auquel ils étaient restés absolument étrangers ; et l'on comprend que la doctrine et la jurisprudence aient tendu à restreindre le plus possible l'effet de la rescision à l'égard des tiers. Nous avons vu que le législateur lui-même a été inspiré par la même idée en donnant le droit de l'article 891 au défendeur à l'action en rescision.

Un seul auteur fait dissidence à la doctrine qui admet que les effets de l'action en rescision s'étendent aux tiers. D'après Delvincourt, l'action en rescision ne peut être donnée contre les tiers que discussion préalablement faite du patrimoine du cohéritier qui a aliéné (arg. art. 891, C. civ.) ; en effet, dit cet auteur, puisque le cohéritier lésé est obligé de se contenter du supplément en numéraire, même lorsqu'il est offert par son cohéritier lui-même, à plus forte raison la même disposition doit-elle être consacrée, lorsqu'il s'agit de dépouiller un détenteur. Mais même, en cas d'insuffisance de la discussion, Delvincourt ne croit pas que les tiers de bonne foi puissent être inquiétés. Tout cela est, d'après lui, conforme à l'esprit général du Code, qui à un très petit nombre d'exceptions près, tend, en général à assurer les acquéreurs contre les troubles provenant d'éviction.

Dans la suite des explications que nous donnerons, nous verrons pourquoi l'opinion de Delvincourt nous paraît absolument inadmissible.

Avant d'entrer dans l'étude détaillée de la discussion que nous avons laissé prévoir et de décider dans quelle mesure l'effet rétroactif de la rescision doit être appliqué à l'encontre des tiers, nous devons étudier certains systèmes qui ont été proposés pour expliquer la rétroactivité à l'égard des tiers.

1° Nous avons basé cet effet rétroactif sur le principe général admis en cette matière : *resoluto jure dantis, resolvitur jus accipientis* (1).

2° Chabot (2) admet ce principe en disant que c'est là un principe de tous les temps, qui se trouve formellement consigné dans l'article 1183 du Code civil, que toute condition résolutoire révoque l'acte où elle est insérée en remettant les choses au même état que si l'acte n'avait pas existé. La rescision pour cause de lésion est une condition résolutoire du partage, elle est imposée par la loi elle-même, de la manière la plus impérative, et conséquemment elle est toujours réputée écrite dans l'acte sans qu'il soit nécessaire d'y insérer une stipulation expresse.

Nous ne voyons pas la nécessité de faire intervenir ici la théorie de la condition résolutoire ; le résultat est le même, que l'on admette la condition résolutoire ou que l'on se base sur la rescision tout simplement.

3° Enfin d'autres auteurs prétendent que si les aliénations et les constitutions de droits réels sont anéanties par l'effet de la rescision, c'est parce que c'est là le seul moyen de pouvoir opérer un deuxième partage qui doit être composé des mêmes éléments (3).

Il nous suffit de dire que le rapport en moins pre-

____

(1) Toullier, IV, n. 573 ; Laurent, X, n. 512 ; Baudry-Lacantinerie et Wahl, *Succ.*, III, n. 4642.

(2) Chabot, art. 887, n. 5 ; Ducaurroy, Bonnier et Roustain, II, n. 814.

(3) Poujol, II, n. 6.

nant pourra parer à cet inconvénient et que par suite ce n'est pas une impossibilité d'arriver à un nouveau partage qui est l'explication du principe de l'effet rétroactif à l'égard des tiers.

Etudions successivement les différentes hypothèses dans lesquelles les droits des tiers peuvent être atteints par l'effet de la rescision :

α) *Aliénations de meubles.* — Nous avons vu que les meubles aliénés par un copartageant après le partage rescindable doivent être rapportés en moins prenant ; cette règle doit être basée sur les conséquences auxquelles aboutit l'application de l'article 2279 du Code civil en vertu duquel la transmission de la propriété des meubles à un acquéreur de bonne foi vaut titre à l'encontre des tiers. Il en résulte que l'aliénation devra être maintenue toutes les fois où la bonne foi des tiers sera en jeu.

β) *Aliénations d'immeubles.* — Conformément au principe que nous avons admis, les aliénations d'immeubles doivent tomber. Néanmoins les tiers acquéreurs pourront invoquer la prescription acquisitive, résultant à leur profit de la possession prolongée, pendant un délai de 30 ans. Pourront-ils invoquer celle de 10 à 20 ans. Nous le croyons (1). Ce moyen de défense leur sera souvent utile, lorsque la lésion n'aura pas été découverte immédiatement par le cohéritier lésé et

---

(1) Cette question qui est controversée sera traitée dans le titre des Partages d'ascendants.

que par suite le délai de dix ans dans lequel l'action en rescision doit être intentée n'aura pas commencé à courir dès le jour du partage, ou bien encore lorsque le délai de l'action en rescision aura été suspendu par suite des événements prévus par la loi. Il faut pourtant reconnaître que ce tempérament à l'effet rigoureux de la rescision du partage ne se rencontrera pas fréquemment dans la pratique ; aussi s'explique-t-on que la doctrine, désireuse de sauvegarder les droits des tiers, ait cherché par tous les moyens possibles à apporter d'autres restrictions à la rigueur du droit.

C'est ainsi que l'on s'est demandé s'il n'y avait pas lieu de maintenir au profit des tiers les aliénations qui leur avaient été consenties, toutes les fois qu'ils ont acquis de bonne foi d'un cohéritier qui s'était présenté à eux comme un propriétaire incommutable. Des circonstances spéciales, a-t-on dit, peuvent être invoquées et faire fléchir le principe qui autorise à étendre les effets de la rescision à l'égard des tiers ; l'une de ces circonstances est la bonne foi des tiers qui peut être d'autant plus parfaite que rien ne leur a révélé le vice du titre de leur auteur. Ne peut-on pas dire par analogie avec l'article 860 du Code civil, qui dispense du rapport en nature le cohéritier donataire qui a aliéné le bien avant l'ouverture de la succession, que dans le cas où le partage est rescindé pour lésion on doit faire maintenir les aliénations toutes les fois qu'il est prouvé que les tiers acquéreurs ont été de bonne foi. Ce sont les tribunaux qui auraient la charge de faire une appréciation de fait et déclarer valables ou non, les aliénations consenties ; appréciation laissée tout entière à leur disposition, car elle dérive de l'équité et non d'un texte de loi. Un des plus savants auteurs a soutenu cette théorie qui est à notre sens tout à fait arbitraire (1).

On a dit avec raison que de telles théories servent à confondre la mission de l'interprète avec celle du législateur (2) : la loi ne dit pas que les aliénations puissent être maintenues ; quels que soient les circonstances spéciales et les motifs d'équité qui militent en faveur de cette solution, ils ne sont pas assez puissants pour faire échec à un principe que la loi a consacré.

Dans une autre opinion (3) on maintient les aliénations consenties après un partage rescindé, en assimilant le copartageant à un héritier apparent et en décidant que chacun des cohéritiers doit être considéré comme ayant reçu des autres, le mandat d'administrer *cum libera* à l'égard des tiers la portion de l'universalité héréditaire qui formait le lot à lui échu. Le savant auteur qui défend cette théorie, dans plusieurs circonstances au cours de son étude de droit civil, en fait une application ici.

Nous ne croyons pas, pour nous, que l'héritier apparent puisse faire des aliénations opposables au véri-

_____

(1) Demante, III, n. 237 *bis*, III.
(2) Laurent, X, n. 513.
(3) Demolombe, XVII, n. 505.

table héritier, car l'héritier apparent n'a jamais été propriétaire, par suite les aliénations qu'il a consenties émanent *a non domino* et ne font aucun obstacle à la revendication du véritable héritier (1). La question est identique pour les copartageants dans un partage rescindé, l'indivision une fois rétablie et un nouveau partage intervenu, la propriété des nouveaux lots appartient rétroactivement à chaque copartageant par l'effet déclaratif du partage.

Enfin on a tenté de faire une distinction, suivant que les aliénations sont consenties par le défendeur ou le demandeur à l'action en rescision (2). On a dit que le demandeur ne peut pas par son fait faire tomber les droits qu'il a concédés lui-même puisqu'il est garant envers les tiers, en vertu du principe : « *Quem de evictione tenet actio, eumdem agentem repellit exceptio.* »

Nous nous sommes expliqués plus haut sur cette exception que nous avons considérée comme une fin de non-recevoir qui pourrait être soulevée contre l'action en rescision. Nous avons dit qu'elle n'aurait pas lieu d'être invoquée fréquemment par les tiers acquéreurs, tenant des droits du cohéritier demandeur à l'action en rescision, parce que, le plus souvent, le demandeur à l'action en rescision, qui aura consenti une aliénation partielle ou totale des biens composant son lot, sera non recevable dans son action.

(1) Huc, I, n. 452.
(2) Demolombe, XVII, n. 503 ; Aubry et Rau, VI, n. 626, texte et note 30 ; Ducaurroy, Bonnier et Roustain, II, n. 815.

Quoi qu'il en soit dans les hypothèses où l'action sera recevable, la plupart des auteurs ne voient pas de distinction à faire au profit des tiers, qui tiennent leurs droits du demandeur à l'action en rescision. En effet, l'immeuble a été aliéné pendant l'indivision car elle est considérée comme n'ayant pas cessé d'exister, s'il tombe à la suite de l'allotissement nouveau dans le lot du demandeur, il n'y a pas de garantie à invoquer, l'aliénation reste valable ; mais s'il tombe dans le lot d'un autre cohéritier, il doit nécessairement être considéré comme ayant aliéné *a non domino*, tandis que le propriétaire actuel est censé avoir eu toujours ce droit ; il ne doit donc aucune garantie au tiers acquéreur avec lequel il n'a pas traité et auquel il n'a rien transmis. Il n'y a donc ici rien d'inconciliable avec le principe : qui doit garantir ne peut évincer (1).

On objecte pourtant que l'éviction que les défendeurs à l'action en rescision feraient supporter aux tiers, aurait pour résultat d'ouvrir un recours en garantie contre le demandeur en rescision et que par ce fait le libre exercice de cette action serait entravé (2). Tant mieux, cette circonstance sera de nature à assurer la stabilité de la propriété au profit des tiers acquéreurs, et nous ne demandons pas mieux que de l'assurer lorsque ce n'est pas au détriment du principe de l'effet rétroactif de la rescision.

(1) Laurent, X, n. 513 ; Baudry-Lacantinerie et Wahl, *Successions,* III, n. 4643.
(2) Demolombe, XVII, n. 503.

γ) *Constitutions de droits réels.* — Les droits réels consentis par les cohéritiers sur les biens échus dans leur lot tombent aussi par l'effet de la rescision du partage. Ici non seulement les principes généraux qui gouvernent la rescision et ses conséquences nous permettent de l'affirmer, mais encore le Code civil lui-même, qui renferme un texte précis à cet égard, l'article 2125 porte en effet que ceux qui n'ont sur l'immeuble qu'un droit sujet à rescision ne peuvent consentir qu'une hypothèque soumise à la même rescision ; il n'y a aucune raison pour ne point étendre cette règle à tous les autres droits réels.

Sur ce point tous les auteurs sont d'accord ; même ceux qui éprouvent quelque répugnance à annuler les aliénations de propriété, n'en éprouvent plus lorsqu'il s'agit d'annuler les droits réels concédés.

M. Demolombe, même, qui avait soutenu que les aliénations de propriété au profit des tiers devaient être maintenues, convient ici que les constitutions de droits réels doivent être résolues. Pour arriver à cette conséquence bizarre il argumente de l'article 860 du Code civil. Ce texte qui maintient en cas de rapport les aliénations consenties par le cohéritier donataire avant l'ouverture de la succession ne parle pas de droits réels consentis par l'héritier, et M. Demolombe en conclut que ces droits réels sont résolus. Ce raisonnement est absolument inadmissible et il aboutit à des conséquences pratiques inacceptables ; en effet, on finit par maintenir une aliénation totale et on fait tomber de simples fragments du droit de propriété. Sans entrer dans la discussion de la portée de l'article 860, il nous suffira de faire remarquer qu'il n'offre aucune analogie avec l'hypothèse qui nous occupe, et que le rapprochement n'est pas possible.

Le principe qui fait supporter aux tiers les conséquences de l'action en rescision pour cause de lésion est, nous l'avons dit, contraire au principe de la stabilité des conventions ; aussi, avons-nous admis que des restrictions devaient y être apportées toutes les fois qu'elles seront compatibles avec l'esprit de la loi.

Voyons donc les différents moyens que les tiers pourront avoir pour maintenir les actes qui ont été faits à leur profit.

1° En premier lieu, tous les actes d'administration faits par les cohéritiers sur les biens qui leur avaient été attribués sont valables, car chaque cohéritier est considéré avoir reçu, à tout événement, un mandat de la part de ses cohéritiers, pour administrer les biens compris dans son lot (1).

C'est en vertu de cette présomption que les paiements faits par les débiteurs de la succession entre les mains des cohéritiers sont valablement faits. On peut encore invoquer à l'appui l'article 1240 du Code civil, puisque, en vertu de cette disposition, le paiement fait

____

(1) Demolombe, XVII, n. 501 ; Baudry-Lacantinerie et Wahl, *Succes-sions*, III, n. 4550.

de bonne foi à celui qui est en possession de la créance
est valable, encore que le possesseur en soit par la
suite évincé. En effet, les débiteurs peuvent ignorer le
vice dont est entaché le partage et croire que le copartageant qui détient la créance dans son lot est et en
sera toujours propriétaire ; il eût été inique de le for-
cer à payer une seconde fois et de lui faire souffrir
ainsi les risques de l'insolvabilité du cohéritier entre
les mains duquel il s'est libéré.

En vertu du même principe, les poursuites que le
copartageant intenterait contre des débiteurs de la succession, seraient valables et l'interruption d e la prescription qui en résulterait profiterait à la succession si
le partage venait à être rescindé.

Que faut-il décider pour les baux consentis par les
copartageants pendant un partage contre lequel l'action
en rescision est ouverte?

La maxime : *resoluto jure dantis, resolvitur jus accipientis* semble exiger que les baux soient résiliés par le
fait de la rescision du partage et du droit du locateur.
Mais les baux sont des actes d'administration que l'on
a coutume de valider dans tous les cas analogues, d'a-
bord parce que l'on considère toujours qu'il y a un
mandat tacite d'administration entre les cohéritiers
et puis parce que l'intérêt de toutes les parties est ici le
même : le preneur a intérêt à conserver la jouissance,
l'indivision a intérêt à toucher le loyer qui représente
les fruits de l'immeuble loué.

En outre, la résiliation éventuelle du bail apporterait une entrave à la location des biens échus en vertu d'un partage, les tiers se garderaient de louer un immeuble de la jouissance duquel ils pourraient se voir évincer.

Ce sont donc des arguments de raison pratique qui doivent faire adopter l'opinion généralement suivie. On pourrait aussi invoquer un argument de texte, l'article 1673 du Code civil, qui maintient les baux faits sans fraude par l'acquéreur à réméré, lorsque le vendeur exerce le pacte de rachat. Comme la résolution et la rescision ont toutes deux le même effet, on peut dire que l'article 1673 s'applique aussi aux actions en rescision.

Il faut faire toutefois une réserve au droit qu'ont les tiers de voir maintenir les baux faits par les cohéritiers pendant le partage contre lequel est accordée l'action en nullité ; ce droit est soumis à la bonne foi des parties et il ne peut pas dépasser les limites des actes de pure administration, c'est-à-dire que le bail ne pourra être respecté que pour une durée de 9 ans depuis le jour où il a été fait, avec la nécessité, bien entendu, de respecter le renouvellement pour une nouvelle période s'il est intervenu trois ans avant l'expiration de la première période.

Les actions exercées en justice par les cohéritiers ou celles auxquelles ils auraient défendu, les actes interruptifs de prescription, le tout sous la condition de bonne foi et sous celle de ne point dépasser les limites des actes d'administration, seront considérés comme valables s'ils ont été faits après le partage et que celui-ci vienne à être rescindé. Ce sont là des actes nécessaires comme le dit M. Demolombe, on n'est pas libre de plaider ou de ne pas plaider, la conservation même des biens de l'indivision peut commander impérieusement un procès ; la prescription court, il faut qu'elle puisse être interrompue, les copartageants sont visiblement en possession de fait de l'hérédité, il est très naturel que les tiers qui ont des actions à exercer contre les biens compris dans l'indivision s'adressent à ceux qui ont ces biens dans leur lot, ils ne peuvent pas connaître le vice dont est entaché l'acte qui a mis fin à l'indivision pour être obligés de diriger leurs actions contre tous les copropriétaires. Il serait aussi très dangereux de déclarer tous ces actes nuls pour le motif que ceux qui les ont accomplis n'avaient aucun droit de le faire, c'est pourquoi nous trouvons, que la théorie du mandat tacite d'administration est une sauvegarde puissante, qu'elle est très utilement imaginée et qu'il n'y a pas lieu de refuser à la soutenir.

2° Lorsque des actes portant sur des biens compris dans l'indivision ont été faits, après le partage et que ce partage vient à être rescindé, par tous les copartageants ou, lorsqu'un seul d'eux a reçu mandat exprès de tous les autres pour faire un pareil acte, leur validité ne fait aucun doute : les règles pour la validité des actes faits pendant l'indivision sont, dans ce cas, rigoureusement respectées. Ce ne sont pas seulement les actes d'administration qui seront maintenus, nous venons de voir que leur validité n'est pas soumise à des règles aussi rigoureuses ; mais, même les aliénations et les constitutions de droits réels continueront à avoir leur plein effet vis-à-vis des tiers.

3° L'effet déclaratif du partage donne à chaque copartageant la propriété dans le passé comme dans l'avenir, il s'ensuit que tout acte dépassant les limites des actes d'administration qui aurait été fait par le copartageant pendant que l'indivision est censée avoir subsisté, c'est-à-dire après le partage entaché de lésion, sera valable si le bien sur lequel il porte tombe dans le lot de ce même copartageant lors du nouvel allotissement. A cet effet, les tiers acquéreurs ont le droit d'intervenir à ce deuxième partage en vertu de l'article 882 du Code civil et de former opposition à ce qu'il ne soit pas procédé en fraude de leurs droits.

C'est pourquoi le sort des actes passés par les copropriétaires sur les biens qui leur auraient été attribués par un partage entaché de lésion, est en suspens jusqu'au nouveau partage et la nullité de ces actes ne peut être demandée avant ce moment.

4° Nous avons dit aussi que le droit qui appartient au défendeur à l'action en rescision en vertu de l'article 891 du Code civil de fournir le supplément en cas de lésion de plus du quart, est un droit qui appartient d'après l'article 1681 aux créanciers des défendeurs. Comme les tiers qui ont acquis des droits sur les biens des copartageants ont une action en garantie contre leur auteur, ils sont des créanciers et pourront, par suite, exercer ce droit afin de prévenir l'annulation des aliénations et des actes consentis à leur profit.

TITRE II

RESCISION DES PARTAGES D'ASCENDANTS POUR CAUSE DE LÉSION

GÉNÉRALITÉS.

Le partage d'ascendant est le partage que les père et mère ou autres ascendants sont autorisés à faire de leurs biens, aux termes des articles 1075 et suivants du Code civil, entre tous leurs enfants et descendants par acte entre vifs ou par testament.

Le partage d'ascendants a un double caractère suivant les personnes à l'égard desquelles on l'envisage ; entre les ascendants qui opèrent le partage et les descendants qui en bénéficient, il y a une donation et par suite des rapports de donateur à donataire ; entre les descendants l'acte opère un véritable partage et à ce point de vue il est assimilé à un partage ordinaire : toutes les règles du partage de succession doivent lui être appliquées. Ce n'est qu'à ce dernier point de vue que le partage d'ascendants nous intéresse et nous avons

spécialement à nous demander quel est l'effet de la lésion sur les partages de cette nature.

L'article 1079 du Code civil dit formellement dans
son premier alinéa que le partage d'ascendants peut
être attaqué pour cause de lésion de plus du quart.

Le législateur a ainsi empêché de naître une controverse qui n'aurait pas manqué de s'élever entre ceux
qui ne voient dans le partage d'ascendants entre vifs
qu'une donation en avancement d'hoirie et ceux qui y
voient à la fois une donation et un partage ; ces derniers
seuls auraient vraisemblablement consenti à reconnaître que le partage d'ascendant était soumis à l'action en
rescision pour cause de lésion (1).

Nous croyons cependant et c'est là l'avis de quelques
auteurs (2) que même si le législateur n'avait pas édicté
formellement cette règle, on aurait dû appliquer aux
partages d'ascendants les règles de la rescision pour
cause de lésion de plus du quart admises en matière de
partages ; en effet, personne ne met en doute, malgré
le silence de la loi sur ce point, que les règles relatives
aux partages de successions doivent être appliquées
aux partages d'ascendants (3). C'est ainsi que l'on ap-

(1) Cette controverse était d'autant plus possible que dans l'ancien
droit il y avait une différence entre les coutumes de préciput et les coutumes d'égalité sur ce point : les premières n'admettaient pas la lésion
comme cause de rescision dans les partages d'ascendants ; les autres
l'admettaient étant même inférieure au quart.

(2) Baudry-Lacantinerie et Colin, II, n. 3689.

(3) Aubry et Rau, VIII, § 728, texte 2 ; Réquier, *Partages d'ascendants*, n. 91 et s. ; Bonnet, I, n. 107 et s.

pliquera les dispositions des articles 887 à 892 du Code civil.

Il est intéressant de remarquer que le Code civil ne qualifie pas d'action en rescision, l'action qu'il donne dans l'article 1079 contre un partage d'ascendant entaché de lésion de plus du quart ; il ne la qualifie même pas du tout.

Personne ne met en doute aujourd'hui que cette action soit l'action en rescision, telle qu'elle est admise dans le partage de succession, pour la raison que la lésion donne lieu à l'ouverture d'une action en rescision et que le législateur n'a apporté, dans notre chapitre, aucune modification à cette règle (1).

(1) Aubry et Rau, VIII, § 734, note 2, texte et note 15 ; Demolombe, XXIII, n. 173 ; Réquier, n. 171 ; Bonnet, II, n. 573 ; Baudry-Lacantinerie et Colin, II, n. 3643.

CHAPITRE PREMIER

La lésion dans un partage d'ascendant ne s'apprécie
que eu égard aux attributions qui résultent du partage
au profit de chacun des copartagés ; on ne doit pas faire
entrer dans cette appréciation la masse totale des biens
composant le patrimoine de l'ascendant. C'est-à-dire
qu'il faut rechercher ce que chacun des copartageants
aurait obtenu si les biens avaient été partagés d'une
manière régulière, et si l'on trouve entre la valeur du
lot obtenu et celle de celui qui aurait dû l'être une différence de plus du quart on devra accorder l'action en
rescision (1).

Dans une opinion contraire on dit que pour apprécier
la lésion, il faut réunir fictivement les biens partagés
aux biens qui sont restés dans le patrimoine de l'ascendant et calculer la lésion par rapport à cette masse.
Cette opinion est certainement très rationnelle lorsqu'elle est admise comme une conséquence de l'opinion
qui consiste à prétendre que les effets du partage

(1) Baudry-Lacantinerie et Colin, II, n. 3691 ; Aubry et Rau, VIII,
§ 734 ; Laurent, XV, n. 107 ; Réquier, n. 177.

entre vifs sont suspendus jusqu'à la mort de l'ascendant (1).

Mais pour nous qui croyons que l'action en rescision peut être exercée après la confection de l'acte et du vivant de l'ascendant, nous devons admettre comme conséquence, sur l'appréciation de la lésion, la règle que nous développons ci-dessus.

Pourtant, dans le cas où l'ascendant aurait fait successivement plusieurs partages par acte entre vifs ou par testament, on décide qu'il faudra apprécier la lésion sur l'ensemble des biens formant l'objet de ces divers partages, l'ascendant ayant probablement voulu réparer par les partages postérieurs l'inégalité résultant des premiers (2).

Un auteur (3) a soutenu qu'il fallait aller plus loin dans cette voie et déclarer l'enfant lésé de plus du quart non recevable à faire rescinder le partage quand sa lésion peut trouver sa réparation dans le partage des biens restés indivis dans la succession de l'auteur commun : « du moment où la doctrine et les arrêts ne font acquérir à un

______

(1) V. en ce sens : **M.** Lyon-Caen, *Partages d'ascendants*, p. 262 et s. Cass., 13 février 1860, *J. du Palais*, 1860, p. 679 et 24 avril 1861, *J. du Palais*, 1861, p. 992 ; Rennes, 20 décembre 1860 et Douai, 20 janvier 1861.

(2) Huc, VI, n. 444 ; Réquier, n. 176 ; Bonnet, II, n. 571 ; Troplong, IV, n. 338 ; Baudry-Lacantinerie, II, n. 726 ; Laurent, XV, n. 108 ; Aubry et Rau, VIII, § 734, p. 38. Cass., 18 décembre 1854, D. 1855. 1.55 et la note de M. Labbé.

(3) Bonnet, II, n. 572 à 575.

partage d'ascendant fait par acte entre vifs le caractère de partage de succession qu'à la mort de son auteur, on ne peut apprécier ce partage isolément sous le rapport de l'estimation de la lésion ».

La Cour de cassation semble avoir admis ce principe dans les motifs de deux arrêts qu'elle a rendus à propos de la prescription de l'action en rescision. Pour décider que la prescription ne commence à courir que du jour du décès de l'ascendant, la Cour suprême se fonde sur ce qu'il est impossible de savoir, jusqu'à ce moment, si l'acquisition postérieure d'autres biens à partager en modifiant l'état de la succession au jour du décès, n'apportera pas en même temps des modifications au droit d'invoquer la lésion, et sur ce que c'est seulement à cette époque qu'on pourra reconnaître si, eu égard à la nature et à l'ensemble des biens dont se compose la succession, les règles du partage ont été ou non respectées (1). Il résulterait de là que la lésion subie dans le partage d'ascendant ne peut donner lieu à une action en rescision qu'autant qu'elle est de plus du quart de la portion revenant à l'enfant lésé, non pas seulement dans les biens partagés, mais à la fois dans ces biens et dans ceux composant la succession *ab intestat*. Ce sont donc les hasards de l'avenir qui décideraient si l'ascendant a respecté ou non les règles essentielles du partage. Il n'y aurait d'ailleurs pas de raisons de s'arrê-

____

(1) Cass., 2 août 1848, S. 1848.1.254, et 6 février 1850, D. 1860.1. 89.

ter dans cette voie ; avec la jurisprudence qui ne donne au partage fait par acte entre vifs aucun effet du vivant de l'ascendant, tout ce qui intéresse l'acte comme partage est paralysé jusqu'au décès de l'ascendant (1).

Cette opinion doit être rejetée (2). En effet, l'article 1079 du Code civil porte « le partage peut être attaqué pour lésion de plus du quart », ce qui veut dire que la lésion qui donne lieu à l'ouverture de l'action en rescision, résulte de l'infériorité de valeur du lot d'un copartagé comparé aux lots des autres. C'est donc actuellement qu'il faut estimer la lésion, et l'on ne peut pas, sans aller à l'encontre du texte de la loi, attendre l'ouverture de la succession *ab intestat* de l'ascendant.

L'article 1077 du Code civil vient encore à l'appui de cette argumentation ; il règle le sort des biens qui composent cette succession *ab intestat* : ils seront, dit ce texte, partagés conformément à la loi, autrement dit ils seront l'objet d'un partage supplémentaire ; or, s'il fallait, comme on le soutient dans l'opinion contraire, ajouter les biens composant la succession *ab intestat*, à ceux qui ont été partagés, pour calculer la lésion, ce serait une liquidation générale qu'aurait dû prévoir

(1) Cass., 29 août 1864 ; Devilleneuve, 1864.1.435: « Attendu, dit la Cour, que la donation entre vifs, par laquelle l'article 1075 du Code civil permet aux père et mère et autres ascendants de faire entre leurs enfants la distribution et le partage de leurs biens, a pour objet et pour effet d'attribuer aux copartageants les biens compris dans leurs lots, mais à valoir sur la part héréditaire à laquelle ils auront droit un jour et sauf le règlement définitif de cette part. »

(2) Aubry et Rau, VIII, § 734 ; Réquier, n. 177.

l'article 1077 ; dans ce cas, chaque cohéritier rapporterait en moins prenant le lot, qui lui avait été attribué par le premier partage et recevrait ce qui lui manque pour compléter sa part dans la masse générale de tous les biens provenant du patrimoine de l'ascendant ; le partage d'ascendant ne serait plus ainsi qu'une donation en avancement d'hoirie. C'est l'opinion généralement suivie aujourd'hui ; mais peut-on admettre que telle ait été l'intention du législateur, et qu'il se soit employé dans ces six articles à autoriser les donations en avancement d'hoirie, alors que par ailleurs, il avait déjà posé les règles de cette matière ? Nous ne le pensons pas.

Quant aux deux arrêts de la Cour suprême, ils ne sont point inconciliables avec notre opinion : il y a peut-être des motifs sérieux de n'accorder l'action en rescision qu'à la mort de l'ascendant, nous étudierons la question plus loin ; mais nous pouvons dire dès à présent qu'en adoptant cette opinion qui retarde jusqu'à cette époque le point de départ de l'action en rescision, la Cour suprême n'a point préjugé la question qui nous occupe.

Il pourra donc arriver dans l'opinion que nous avons admise, qu'un descendant qui a obtenu les trois quarts de sa part héréditaire dans les objets partagés, n'ait pas le droit de se plaindre en exerçant l'action en rescision même s'il n'a pas obtenu en définitive, par suite de dispositions à titre gratuit faites par l'ascendant, les trois quarts de sa part dans la masse totale des biens ; sauf dans ce cas, le droit d'agir par l'action en complément de sa réserve si celle-ci était entamée (art. 1079, 2° alinéa, C. civ.).

En sens inverse un descendant qui n'a pas obtenu les trois quarts de sa part héréditaire dans le partage, pourra attaquer ce partage par l'action en rescision même s'il obtient par suite d'une disposition préciputaire au delà des trois quarts de sa part dans la masse totale.

Puisque l'on ne tient compte que des biens partagés pour savoir si un descendant est lésé de plus du quart dans un partage fait par son ascendant, *a fortiori*, on n'impute sur sa part que ce qui lui a été donné par le partage, ce qui exclut du calcul les donations par préciput et hors part que le copartagé a pu recevoir de l'ascendant. Il n'y a pour cela aucune exception à la règle générale des partages.

Cette règle qui ne fait aucun doute lorsque la disposition est à titre particulier est vivement controversée, en doctrine et en jurisprudence, lorsque la disposition est faite à titre universel ; par exemple lorsqu'il s'agit de la donation par préciput et hors part de la quotité disponible.

Deux hypothèses successives doivent être envisagées.

α) Il se peut d'abord que la disposition préciputaire ait été faite à l'un des copartagés avant l'acte de partage. Pas de difficultés, en ce cas. Tout le monde reconnaît d'une part, que le droit du préciputaire est devenu irrévocable par le fait de la donation et d'autre part, que les biens qui forment la donation ne sont pas entrés dans la masse dont l'ascendant a fait la distribution entre les copartagés (1). Il y a deux raisons pour ne pas faire entrer en ligne de compte ces biens qui étaient sortis de son patrimoine au jour du partage. Il faut pourtant signaler en sens contraire l'opinion d'un auteur qui enseigne que dans cette hypothèse si l'ascendant attribue au donataire un seul et même lot tant pour son préciput que pour sa part dans le partage on devra calculer la lésion sur ce lot tout entier (2). Cette opinion s'appuie sur ce que l'attribution faite à l'un des enfants comme donataire de la quotité disponible a le caractère du partage aussi bien que celle qui lui est faite en sa qualité de copartagé. La majorité des auteurs et la jurisprudence sont d'un avis opposé (3). L'opinion contraire nous paraît inconciliable avec le principe de l'irrévocabilité des donations ; nous considérons que la donation préciputaire n'a ni le même caractère ni les mêmes effets que le partage, elle reste une donation, et l'ascendant ne peut plus après avoir disposé d'une partie de ses biens, au moyen d'un lotissement de partage, en reprendre une partie ; en conséquence si l'ascendant

(1) Caen, 31 novembre 1838, S. 38. 2. 419.
(2) Réquier, n. 179.
(3) Demolombe, XXIII, n. 177 ; Aubry et Rau, VIII, § 734, texte et note 8 ; Lyon-Caen, *Partages d'ascendants. Sic* : Nimes, 8 novembre 1864 , S. 1865.2.74.

a fait un seul et même lot, on devra pour le calcul de la lésion séparer la donation préciputaire du lot du co-partagé.

b) Il peut se faire, en second lieu, que la disposition préciputaire ait été faite à l'un des copartagés par l'acte même de partage, dans cette hypothèse devra-t-on dire que la lésion ne sera calculée que sur la part que le descendant recueille comme copartagé en faisant abstraction de ce qu'il reçoit comme donataire par préciput et hors part? La question est beaucoup plus délicate : en effet, l'ascendant étant libre de ne pas faire la disposition préciputaire, s'il l'a faite par l'acte de partage il a voulu peut-être indemniser le cohéritier de la lésion qu'il subissait dans le partage et rétablir à son profit l'équilibre que ce partage ne respecte pas.

Ces raisons sont assez sérieuses, il faut le reconnaître, et il pourra arriver en effet que l'ascendant ait fait la disposition préciputaire avec le désir de corriger ainsi le vice du partage. Nous nous inclinerons volontiers devant cette intention lorsqu'on pourra en démontrer l'existence (1). Mais si l'ascendant n'exprime pas un pareil désir, nous croyons qu'il ne doit pas être présumé : l'exception ne peut, en effet, être présumée à l'encontre de la règle ; or la règle est en cette matière que la lésion ne se calcule que sur les biens partagés et les biens qui forment la donation par préciput et hors part n'en-

(1) Montpellier, 5 juillet 1853, S. 1853.2.692.

trent assurément pas dans la masse partagée et partageable.

On a pourtant soutenu l'opinion contraire en faisant valoir qu'il y a indivisibilité entre la donation et le partage (1). C'est une erreur, à notre sens, les dispositions préciputaires comprises dans un acte de partage d'ascendant ne peuvent pas faire partie du partage et ce n'est pas au même titre que les descendants recueillent les unes et les autres ; il prend la donation à titre de donataire et les autres biens à titre de copropriétaire (2).

Il peut arriver que la disposition préciputaire ait été faite à l'un des copartagés après l'acte de partage ; on pourrait dire encore dans ce cas que l'ascendant a pu vouloir réparer la lésion et faire disparaître l'action en rescision qui menaçait son œuvre ; il a certainement ce droit, et comme dans le cas précédent, tout le monde le lui reconnaît. Nous dirons, qu'il faudra encore ici que l'intention de l'ascendant soit formellement reconnue, pour que l'on puisse calculer la lésion à la fois sur la part dans le partage et sur la donation préciputaire. Si cette intention n'est point démontrée, on reste dans la règle générale et on doit calculer la lésion seulement sur les biens qui forment la masse à partager.

(1) Bertauld, n. 286 ; Bonnet, II, n. 578 ; Genty, p. 218 et s.; Demolombe, XXIII, n. 77 *bis*.

(2) Laurent, XV, n. 86 ; Aubry et Rau, VIII, § 734, note 2.

CHAPITRE II

Il aurait fallu pour suivre un ordre dans cette matière
parler dans ce chapitre de l'estimation des biens pour
apprécier la lésion, mais parce que l'époque à laquelle
cette estimation est faite varie suivant l'époque à laquelle
l'action est ouverte et que cette dernière question donne
lieu à la plus vive controverse, nous croyons qu'il vaut
mieux traiter de l'exercice de l'action en rescision
avant.

Nous avons vu que le partage d'ascendant peut être
fait soit par testament soit par donation entre vifs ; une
distinction capitale doit être faite, à notre avis, suivant
que l'une ou l'autre de ces formes aura été employée,
pour la fixation du moment de l'ouverture de l'action en
rescision.

A. — *Partage fait par testament.*

Ce cas ne présente réellement aucune difficulté ; le
partage fait par testament n'est connu qu'à la mort de
l'ascendant, c'est à ce moment seulement qu'il produit
ses effets et c'est par suite à ce même moment qu'il
peut être l'objet d'une action en justice.

B. — *Partage par acte entre vifs.*

Pour pouvoir dire à quel moment s'ouvre l'action en rescision dans ce cas, il faut se rappeler qu'en vertu d'un principe reconnu par tout le monde : un acte ne peut être attaqué qu'à partir du moment où son existence est reconnue.

Le partage d'ascendant fait par donation entre vifs échappe-t-il à cette règle ? Existe-t-il un texte qui permette de l'affirmer ? Nous ne le croyons pas. L'article 1079 est trop concis pour qu'on puisse voir en lui une dérogation à cette règle générale. Le partage d'ascendant fait par acte entre vifs pourra donc être attaqué pour cause de lésion à partir du moment où il a une existence juridique. Mais quel est ce moment ? Toute la question est là et c'est une des plus controversées du droit civil.

Trois grandes opinions sont en présence.

1° Dans un premier système qui est aujourd'hui complètement abandonné et qui a été soutenu par la Cour de cassation (1), on considère le partage d'ascendant

(1) Cass., 12 juillet 1836, S. 1836.1.534 et 4 février 1845, D. 1845.1. 49. — V. dans le même sens : Douai, 24 juin 1846, D. 1846.2.124 ; Bordeaux, 23 décembre 1845, D. 1846.2.125 ; Toulouse, 5 décembre 1844, D. 1845.4.387 ; 3 janvier 1840, D. 1840.2.102 et 15 mai 1838, D. 1838.2.238 ; Nîmes, 12 juillet 1844, D. 1845.4.388 ; 12 juillet 1842, D. 1842.4.286 ; Montpellier, 25 mai 1839, D. 1842.2.170 ; Grenoble, 6 mai 1842 et 30 juin 1839 ; Limoges, 24 décembre 1835, D. 1836.1. 297. Si tous ces arrêts ne disent pas d'une façon bien précise que le partage doit être considéré comme un partage de succession ouverte par antici-

fait par acte entre vifs comme un partage de la succession de l'ascendant ouverte par anticipation quant aux biens compris dans le partage. Ce partage produit donc des effets immédiatement.

2° Dans un deuxième système (1) on dit que le partage d'ascendant fait par donation entre vifs renferme deux éléments : l'un actuel la donation, l'autre éventuel le partage. Celui-ci ne produit ses effets qu'à la mort de l'ascendant, car ce n'est qu'à ce moment que le caractère de partage appartient à cet acte qui jusqu'alors n'a que le caractère des donations en avancement d'hoirie (2).

3° Dans un troisième système on enseigne que le partage d'ascendant fait par donation est une donation et un partage actuel et que c'est au moment de l'acte que tous les effets du partage se produisent (3).

pation, du moins tous sont unanimes à déclarer que l'action en rescision peut être exercée pendant la vie de l'ascendant.

(1) Genty, *Partages d'ascendants*, p. 214, qui est l'auteur du système. V. dans le même sens M. Lyon-Caen, *Partages d'ascendants*. V. cependant Demolombe, XXIII, n. 123 ; Agen, 6 juillet 1824, D. 1825.2.50 ; Caen, 15 juillet 1835, D. 1839.2.11 ; Nîmes, 17 mars 1841, D. 1841.2. 207.

(2) Cass. rejet, 30 juin 1847 quoique rendu après partage et discussion n'est pas motivé, S. 1847.2.174 ; Pau, 8 avril 1850, D. 1850.2.134 (sans spécifier) et 9 juillet 1861, D. 1861.2.192 ; Cass., 14 juillet 1852, D. 1852.1.203 ; rejet, 28 février 1855, S. 1855.1.81 ; 27 novembre 1865, S. 1866.1.104 ; 1887, S. 1887. 1. 52 ; Poitiers, 5 mars 1862, D. 1862. 2. 119 ; Limoges, 3 décembre 1868, D. 1869.2.176 ; Toulouse, 22 mai 1863, D. 1863.2.78 ; Orléans, 29 juillet 1880 sous Cass.,22 juillet 1882, S.1884. 1.259.

(3) Aubry et Rau, VIII, § 734, note 2 ; Huc, VI, n. 434 ; Réquier,

L'adoption de l'une ou l'autre de ces opinions doit nécessairement aboutir à des conséquences différentes au point de vue de l'exercice de l'action en rescision. Si l'on considère le partage d'ascendant fait par acte entre vifs comme produisant les effets du partage au moment même de l'acte, on doit en conclure que l'action en rescision s'ouvre immédiatement ; si on soutient au contraire que les effets du partage ne se produisent qu'à la mort de l'ascendant, l'action en rescision est différée jusqu'à ce moment.

Il nous paraît d'ailleurs impossible de prendre un parti intermédiaire et de dire, comme certains auteurs le font (1), que le partage d'ascendant fait par acte entre vifs produit les effets du partage immédiatement, mais que l'action en rescision pour cause de lésion reste suspendue jusqu'à la mort de l'ascendant.

Il importe d'examiner chacun de ces systèmes et de prendre parti entre eux pour fixer le moment de l'ouverture de l'action en rescision.

n. 91 et s. ; Bonnet, I, n. 107 et s. ; Baudry-Lacantinerie et Colin, ll, n. 3659.

V. aussi Laurent, XV, n. 86 et s., qui paraît cependant confondre le 1er et le 3e système.

(1) Demolombe, XXIII, n. 122 et s. ; Aubry et Rau, VIII, § 734, texte et note 19. M. Chomel, thèse 1874, p. 211, se rallie à la même opinion sans en convenir. En effet, dit-il, le partage d'ascendant fait par donation est soumis à la condition suspensive de la qualité d'héritier. Il a donc tous les effets d'un acte fait sous condition suspensive ; c'est ainsi que les actes de conservation seront valablement faits avant l'arrivée de la condition mais que les actions en nullité ou rescision qui sont des actes d'exécution ne pourront être accomplies qu'après l'arrivée de la condition c'est-à-dire après la mort de l'ascendant.

Le premier système, dans lequel on considère le partage d'ascendant par acte entre vifs comme un partage de succession ouverte par anticipation, aboutit à un résultat appréciable en pratique, en donnant ouverture à l'action en rescision au jour même du partage.

Il repose sur ces considérations que les dispositions des articles 1075 et 1079 forment pour le partage d'ascendant une législation toute spéciale et toute exceptionnelle ayant pour but d'assurer la paix et l'union des familles, que de la lettre comme de l'esprit de ces articles, il résulte que ce partage dessaisit immédiatement, intégralement et irrévocablement l'ascendant partageant, des biens compris dans le dit partage, pour en investir aussi immédiatement, intégralement et irrévocablement les descendants copartagés. Ce système s'appuie également sur l'article 1076, § 2 du Code civil aux termes duquel les partages faits par actes entre vifs ne peuvent avoir pour objet que les biens présents, cela prouve bien que le législateur a admis la possibilité de deux partages successifs du patrimoine d'un même individu.

Ce système qui avait prévalu devant la Cour de cassation en 1836 et en 1845 prêtait à de vives critiques en droit et la Cour suprême devait bientôt l'abandonner. Dire, lui a-t-on objecté, que la succession de l'ascendant est ouverte par anticipation, c'est faire échec au principe absolu qu'il ne peut pas y avoir ouverture de succession d'un homme vivant : *Nulla est viventis hereditas*. Mieux que cela ; s'il y a plusieurs partages successifs, on considère dans ce système chaque partage comme étant le résultat de l'ouverture d'une succession distincte ; il y a autant de quotités disponibles et autant de réserves qu'il y a de partages, ce qui est encore plus inadmissible et absolument inconciliable avec l'article 922 du Code civil qui suppose nécessairement qu'une personne ne peut avoir qu'une seule succession avec une seule quotité disponible et une seule réserve.

Ce système était en outre en contradiction absolue avec l'article 1078 du Code civil ; si la succession est ouverte, dit-on dans cette opinion, les droits des héritiers sont irrévocables, et pourtant la loi décide que la survenance d'un enfant né depuis le partage emporte sa nullité ; comment concilier ces deux principes ?

Aussi nous n'hésitons pas à dire que ce système ne peut être admis, tout en acceptant la conséquence à laquelle il aboutit en ce qui concerne l'époque de l'ouverture de l'action en rescision. Nous verrons que le troisième système aboutit à cette même conséquence et par des motifs beaucoup plus faciles à défendre.

La Cour de cassation, elle, après avoir adopté d'abord cette opinion dont elle n'avait peut être pas suffisamment pesé tous les inconvénients pratiques, s'est brusquement retournée en 1847 vers l'opinion diamétralement opposée dont elle ne s'est pas départie depuis, et qui constitue le second des systèmes que nous avons indiqués.

Le second système consiste à dire que le partage entre vifs n'est qu'une donation en avancement d'hoirie du vivant de l'ascendant, donation qui se transforme en partage à la mort de l'ascendant. On dit, pour expliquer cette transformation, qu'elle se produit de la même façon pour toutes les donations en avancement d'hoirie et que la loi n'a entendu faire dans la matière spéciale du partage d'ascendant qu'une application de ce principe : si le donataire en avancement d'hoirie refuse la qualité d'héritier à la mort de l'ascendant donateur, il reste donataire, mais s'il l'accepte, au lieu de donataire qu'il était, il devient héritier, et c'est à ce titre qu'il conserve la donation jusqu'à concurrence de la quotité disponible. On ajoute que si cette transformation paraît inadmissible à ceux qui soutiennent que le partage d'ascendant fait par donation a des effets immédiats, ceux-ci devraient remarquer que leur système aboutit à une transformation plus étonnante encore ; ils donnent en effet le nom et les effets du partage à un acte qui n'en sera peut-être jamais un ; si à la mort de l'ascendant les héritiers renoncent à sa succession : c'est en ce cas à titre de donataires en avancement d'hoirie que les ci-devant copartagés conserveront chacun leur part. N'est-il pas beaucoup plus logique de suspendre les effets du partage pendant la vie de l'ascendant que de se voir contraint à les lui enlever à son décès (1).

(1) V. Lyon-Caen, *Partages d'ascendant.*

On dit encore pour soutenir cette opinion qu'elle apparaît comme conforme aux intentions de l'ascendant qui ne doit être considéré, à moins de preuve contraire, comme ayant voulu faire le partage de ses biens qu'en vue de sa succession future ; qu'elle apparaît également comme conforme à la tradition : la donation-partage dans l'ancien droit, a-t-on dit, n'avait d'effet qu'au décès de l'ascendant donateur, le Code civil n'a vraisemblablement rien voulu modifier à cette règle traditionnelle.

Les partisans de ce système disent encore ceci : Les ascendants ont la faculté leur vie durant de disposer à titre gratuit de leurs biens comme il leur plaît ; si au lieu d'une donation pure et simple ils choisissent la donation-partage, ils s'obligent par cela même à respecter les règles de l'égalité entre les donataires ; mais personne ne pourra s'en plaindre du vivant du donateur parce que les donataires ne seront considérés comme copartagés qu'au moment où ils seront héritiers, c'est-à-dire au décès de l'ascendant. La loi n'autorise nulle part une fiction permettant de considérer la succession comme ouverte du vivant de l'ascendant et qui aboutirait à l'ouverture de deux successions pour la même personne (1).

On invoque en outre des considérations morales puissantes en faveur de cette opinion. L'ascendant, dit-on,

_____

(1) V. en sens contraire : Laurent, XV, n. 116.

ne doit que des aliments à ses enfants, et s'il leur fait le partage de ses biens, c'est là un acte purement volontaire et gracieux de sa part, les enfants de leur côté doivent tout à leurs parents, comment admettre qu'ils puissent reprocher à leur auteur cet acte de pure libéralité. Veut-on admettre le contraire, on contraint le fils à faire à son père un procès dans lequel il reprochera à celui-ci de lui avoir donné trop peu alors que le père était libre de ne rien lui donner du tout. C'est immoral et dangereux (1) : le résultat évident sera que les enfants respectueux de l'autorité paternelle n'useront pas de leurs droits et se verront déchus par l'expiration du délai de 10 ans au bout duquel leur action sera éteinte par la prescription.

Enfin on cherche des arguments dans les dispositions mêmes de la loi (2). L'article 1076 du Code civil assimile le partage fait par acte entre vifs à une donation non seulement par sa forme extérieure, mais aussi par les règles de fond, il suffit de remarquer que le chapitre des partages d'ascendants est placé au titre des donations ; ce sont donc des copartagés que l'on doit voir dans les enfants donataires et non des copartageants (3). On fait encore remarquer que toutes les actions qui

---

(1) Poitiers, 5 mars 1862, précité.

(2) V. conclusions du Procureur général avant l'arrêt de 1847.

(3) Les enfants ne peuvent pas être considérés comme copartageants parce que, ne s'ayant rien transmis entre eux, ils n'ont aucun rapport d'obligation. V. Hériard, *Partage d'ascendant*, 1874, t. 12.

peuvent être intentées à l'occasion d'un partage d'ascendant sont reportées à la mort de celui-ci : telles sont,
l'action à laquelle donne lieu l'omission d'un enfant et
l'action en réduction. Pourquoi les mêmes règles ne
seraient-elles pas applicables à l'action en rescision
pour cause de lésion, dont le législateur parle à l'article 1079, 1ᵉʳ alinéa, ayant ainsi placé cette disposition
entre celle de l'article 1078 où il est question de l'action pour omission d'enfant et celle de l'article 1079,
2° alinéa, où il est parlé de l'action en réduction, actions
qui toutes deux, tout le monde en convient, ne pren-
nent naissance que du jour du décès de l'ascendant ? Si,
ajoute-t-on, l'action en rescision était donnée du vivant de l'ascendant, à plus forte raison l'action pour
omission d'enfant devrait l'être aussi, à peine de tomber dans une inconséquence flagrante ; comment admettre en effet qu'un enfant simplement lésé pourrait
se plaindre alors qu'un enfant complètement omis ne
le pourrait pas (1) ? L'argument est spécieux, disons-le
de suite ; on comprend parfaitement que des droits plus
étendus puissent être reconnus au profit de l'enfant simplement lésé ; le partage d'ascendant porte en effet sur
des choses qu'il peut espérer légitimement voir lui revenir en partie, si une distribution est faite de suite, il
a, par le fait d'y être compris, acquis le droit à l'égalité
dans cette distribution, il est réputé avoir dû recevoir

____

(1) Demolombe, XXIII, n. 220 ; Lyon Caen, *Partage d'ascendants.*

une portion égale à sa part légitime dans le patrimoine ; l'enfant omis, au contraire, n'a jamais eu aucun droit lors de cette distribution qui n'a en rien compromis ses droits : en vertu de quel titre viendrait-il réclamer contre elle ?

On ne peut pas non plus rapprocher les deux actions de l'article 1079 parce que ce n'est pas au même titre qu'on les exerce, celle en réduction suppose un héritier agissant pour faire tomber une libéralité excessive faite à son cohéritier et qui a pour but de porter atteinte dans ses droits comme réservataire ; celle en rescision suppose le titre et la qualité de copartageant et a pour objet d'annuler un acte entaché d'une certaine irrégularité. Ce rapprochement que l'on retrouve aussi dans l'arrêt de 1847 est, d'après nous, l'une des causes qui a fait adopter le second système pour l'action en rescision.

Les principales conséquences directes qui résultent de l'adoption de ce second système devraient être les suivantes :

a) C'est au jour du décès qu'il faut considérer la valeur estimative des biens pour apprécier s'il y a lésion.

b) La prescription de l'action en rescision ne commence à courir que du jour du décès de l'ascendant.

c) La confirmation du partage fait par donation, entaché de lésion, ne peut intervenir qu'après le décès de l'ascendant.

La jurisprudence n'a pas hésité à les adopter (1) :

(1) *a*. Cass., 18 février 1851, *J. du Pal.*, 2. 1851, p. 592 ; Agen,

Comment ne pas reconnaître les inconvénients manifestes d'un pareil système. Jamais un ascendant, quel que soit le soin qu'il ait mis à égaliser les parts de ses enfants, ne sera sûr d'avoir fait un acte qui échappera à la critique. La valeur des biens est en effet essentiellement variable, elle peut se modifier considérablement dans l'intervalle qui sépare la passation de l'acte et le décès de l'ascendant ; une cause de rescision va naître de cette variation ; est-ce juste ? veut-on exiger de l'ascendant qu'il connaisse l'avenir (1) ?

C'est l'exagération de cette conséquence qui explique les hésitations qui se sont manifestées parmi les partisans de ce second système.

M. Genty, qui a été le premier défenseur de cette doctrine, a proposé d'apprécier la valeur des biens au point de vue de la lésion en évaluant les immeubles au jour du décès et les meubles au moment du partage, sous prétexte que les meubles sont plutôt que les immeubles sujets à des variations dans leur valeur. Mais cette solution est purement arbitraire ; elle établit une distinction que la loi ne prévoit pas et puis cet expédient n'est point un remède à l'inconvénient qui résulte

21 juin 1858, *J. du P.*, 1859, p. 920. — *b.* Cass., 16 juillet 1849, *J. du P.*, 2. 1849, p. 107 et 19 décembre 1859, *J. du P.*, 1860, p. 675 ; Lyon, 18 avril 1860, *J. du P.*, 1861, p. 375. — *c.* Cass., 13 février 1860, *J. du P.*, 1860, p. 677.

(1) Note de M. Labbé, *J. du Pal.*. 1863, p. 934. On a pourtant répondu à cela que le temps qui s'écoule entre la passation de l'acte et le décès de l'ascendant est relativement court. La pratique a montré que notre affirmation est plus juste que celle de nos adversaires.

du système, car les immeubles ne sont pas plus à l'abri des variations de valeur que les meubles.

M. Dubernet de Boscq a proposé de n'appliquer la théorie du second système que sous une distinction (1). Si, dit-il, le partage est constitué de donations par portions égales faites directement aux descendants, on ne peut pas considérer cet acte comme un partage ; on attendra donc le décès de l'ascendant pour lui reconnaître cette qualité et les effets qu'il doit produire ; mais si les donations directes sont précédées d'une donation collective établissant une indivision à laquelle les donations directes viennent mettre fin, alors il y a partage actuel et les effets du partage se produisent immédiatement. Cette solution qui constitue une transaction entre le second et le troisième système, imaginé pour soustraire dans un grand nombre de cas le partage d'ascendant à la conséquence inadmissible que nous avons signalée, ne peut pas être justifiée légalement ; la distinction qui est proposée ne peut pas être juste, car toutes les fois qu'il y a partage d'ascendant, on doit supposer qu'il y a, en vertu d'une fiction admise par le législateur, une donation collective.

(1) On retrouve cette distinction dans un arrêt de la Cour de cassation du 23 mars 1887, S. 1887.1.152, qui dit que : lorsqu'il résulte de l'appréciation faite par le juge du fond que l'ascendant est, par le fait de sa volonté, demeuré étranger aux stipulations du partage opéré alors sous sa surveillance par les descendants, la donation alors n'est pas la cause génératrice de l'acte de partage et celui-ci peut être attaqué du vivant du donateur.

Il convient enfin de signaler la théorie développée par un arrêt et qui consiste à apprécier les biens au moment où l'acte est fait par l'ascendant, mais à suspendre pourtant l'exercice de l'action en rescision jusqu'au décès de celui-ci ; parce que, dit cet arrêt, il y aurait impiété de la part des descendants à exercer cette action du vivant de l'ascendant et qu'il serait à redouter que la crainte révérentielle vis-à-vis de leur ascendant ne les empêchât de se prévaloir de l'article 1079 du Code civil (1).

Dans le troisième système que nous n'hésitons pas à considérer comme le plus juridique, on dit que le partage d'ascendant fait par acte entre vifs, constitue immédiatement un partage et qu'il en a les effets. Mais entendons-nous bien, il ne s'agit pas de le considérer comme un partage de succession ; c'est un partage de choses que la loi considère comme indivision en vertu d'une fiction. Mais quelle est exactement l'explication de cette fiction d'indivision, c'est évidemment le point faible de l'argumentation, et plusieurs explications ont été tentées sur ce point :

On a dit d'abord que la donation-partage collective faite par acte entre vifs, conférait à tous les descendants copartagés, pour un instant de raison seulement, la propriété indivise des biens donnés, indivision qui était

____

(1) Poitiers, 5 mars 1862, *J. du P.*, 1863, p. 934.   V. mêmo conc : Cass., 20 janvier 1864, Devilleneuve, 1804.1.433.

immédiatement suivie du partage (1). Dans l'ancien droit, ajoute-t-on, la démission de biens qui ressemble le plus à notre partage d'ascendant fait par acte entre vifs se dédoublait en deux opérations : par la première, le démettant transmettait la propriété collective aux descendants, et par un second acte, il faisait le partage de ses biens ; les deux actes n'étaient point simultanés et le second, le partage, pouvait intervenir, longtemps après le premier ; quelquefois même il n'était point exécuté. Le Code civil a simplifié ces formalités en autorisant leur exécution en un seul et même acte.

On a fait revivre également, pour l'appliquer ici, l'ancien *condominium familiae*, en vertu duquel les membres de la famille étaient considérés comme les propriétaires indivis des biens appartenant à la famille (2).

On a dit enfin que notre droit en reconnaissant le principe d'une réserve que le père de famille ne peut atteindre, reconnaissait bien aussi implicitement un droit préexistant des ascendants sur ces biens (3).

Nous pensons pour notre part qu'il n'est pas besoin de chercher tant d'explications, puisqu'il s'agit d'une fiction ; une fiction c'est quelque chose qui n'existe pas en réalité, que le législateur crée pour les besoins des dispositions qu'il édicte ; ces dispositions sont-elles

(1) En ce sens, Colmet de Santerre, IV, n. 234 *bis*, XV.
(2) Réquier, n. 116.
(3) Chomel, *Partage d'ascendant*, p. 211.

inexplicables et contraires à la réalité des faits, il crée
une fiction ; inutile par conséquent de chercher une
explication, admettons franchement que cette indivision n'existe pas dans l'ordre des choses, mais disons
qu'elle existe fictivement et cela nous suffit (1).

Il a été récemment soutenu que notre système consistant à considérer le partage entre vifs comme un véritable partage, pourrait être expliqué sans l'intervention d'aucune idée d'indivision, et qu'au contraire le
partage empêchait l'indivision d'exister (2).

L'argument paraît spécieux, mais le savant auteur,
initiateur de cette théorie, ajoute que si l'ascendant a le
droit de faire la distribution de ses biens entre ses descendants, c'est qu'il existait au profit de ceux-ci une
vocation indivise ; mais qu'est-ce donc qu'une vocation
indivise, si ce n'est une autre dénomination pour appeler ce que les auteurs appellent généralement l'indivision préexistante ?

Toutes les dispositions du chapitre des partages
d'ascendants indiquent clairement que le législateur a
voulu y voir autre chose qu'une donation ordinaire et

----

(1) V. en ce sens : Laurent, XV, n. 82. Le savant auteur ne cesse
pourtant de se contredire sur cette matière : il soutient ailleurs qu'en
vertu de la même fiction (il ne peut pas vouloir dire que le législateur
en a créé deux) c'est la succession de l'ascendant qui est considérée ouverte par anticipation. Or, s'il y a indivision préexistante au partage en
vertu d'une fiction, il est non seulement inutile mais même impossible
de dire que la même fiction suppose l'ouverture de la succession.
(2) Huc, VI, n. 424.

qu'il a bien entendu leur donner à la fois le caractère de partages.

Le texte même de l'article 1075 d'abord qui permet aux père et mère de faire entre leurs descendants la distribution et le partage de leurs biens ; et par partage il faut entendre partage actuel puisque la distribution peut se faire par donation aux termes de l'article 1076 du Code civil ; et si le législateur a placé les textes relatifs aux partages d'ascendant au titre des donations c'est justement pour le fait de pouvoir donner à cet acte la forme des donations. Il est curieux de remarquer que cet article 1076 du Code civil est précisément l'argument dont s'arment les partisans du second système pour soutenir que la donation-partage n'est qu'une donation du vivant de l'ascendant ; nous convenons volontiers qu'ils ont raison, s'il ne s'agit que des conditions de formes mais non pas lorsqu'il s'agit des effets de l'acte et des moyens qui sont mis à la disposition des intéressés pour l'attaquer ; ces dispositions-là sont réglées par les articles suivants. Le texte des articles 1076 alinéa 2 et 1079 invoqué également par le premier système qui présente les mêmes résultats que celui-ci, peut encore être invoqué ici.

Aux arguments invoqués par le second système il est facile de répondre, que si le législateur avait voulu assimiler purement et simplement les donations-partages aux donations en avancement d'hoirie, il était bien inutile qu'il fît six articles pour les soumettre à des dispositions inutiles. En outre il existe entre les donations en avancement d'hoirie et les partages entre vifs des différences très importantes dans leurs causes, leurs motifs et leurs effets ; que si les partages entre vifs sont sous un certain point de vue des libéralités, ce sont aussi sous d'autres rapports des dispositions résultant d'obligations légales et de devoirs naturels imposés aux ascendants.

Quant au reproche que l'on nous fait de donner le caractère de partage à un acte qui n'en sera jamais un et que nous sommes obligés de dire que les copartagés qui ne sont pas héritiers doivent prendre le titre et la qualité de donataires apportionnés, après avoir été copartagés, pour conserver leur part, nous répondons que ce reproche s'adresse à ceux qui considèrent que les copartagés n'ont cette qualité que sous la condition suspensive d'être héritiers et non pas à nous qui croyons que les copartagés ont été copropriétaires et que c'est à ce titre qu'ils conserveront leur lot. L'acte est, suivant nous, un partage et il ne change jamais de caractère.

Les considérations morales invoquées par les partisans du second système sont sans valeur ; l'enfant ne commettra pas un acte contraire à la piété filiale en attaquant le partage fait par son ascendant, pour la raison très simple que l'action en rescision ne sera pas dirigée contre l'ascendant, mais contre ses copartagés, et qu'on n'aille pas dire que l'exercice de l'action du vivant de l'ascendant constitue une méconnaissance complète de la volonté de l'ascendant ; on ne peut supposer qu'une volonté à cet ascendant, celle d'avoir voulu faire un partage dans lequel l'égalité régnât entre ses enfants ; si une inégalité a été commise, on ne peut pas supposer qu'elle ait été intentionnelle, et par conséquent, c'est aller au devant de ses désirs que de permettre d'assurer d'ores et déjà le respect du principe de l'égalité.

Aussi nous n'hésitons pas à nous rallier au dernier système, bien qu'il soit combattu aujourd'hui par la majorité des auteurs et par toute la jurisprudence. Le revirement de la Cour de cassation, qui en 1847 a abandonné sa jurisprudence antérieure conforme au premier système que nous avons exposé pour se rallier au second, a entraîné à sa suite toutes les cours et tribunaux ; il convient pourtant de faire une exception notable en faveur de la Cour d'appel d'Agen qui, persistant dans sa jurisprudence, continue à juger que la donation-partage a dès l'intervention de l'acte le caractère d'un partage ; les autres Cours d'appel ont fini par se rendre compte, il semble à regret, de l'inutilité de la résistance. Nous n'en persistons pas moins à penser que notre système est plus en concordance avec les textes, et surtout bien préférable dans la solution qu'il permet de donner à la question de savoir à quelle époque s'ouvre l'exercice de l'action en rescision.

Mais maintenant que nous avons admis que l'action en rescision peut être intentée du jour même de l'acte,

il nous reste à nous demander ce que vont devenir les
biens compris dans le partage après la rescision si elle
vient à être prononcée du vivant de l'ascendant?

C'est peut-être la question la plus délicate à résoudre
dans le système que nous avons admis, elle ne nous
paraît pourtant pas insoluble. On a commencé par dire,
et cela a paru tout à fait logique, que le partage d'ascendant fait par acte entre vifs étant rescindé du vivant de
l'ascendant, les biens rentraient dans le patrimoine de
celui-ci : cela ne pourrait même pas faire de doute car
qui pourrait faire un nouveau partage si ce n'est l'ascendant? de quel droit les descendants feraient-ils un
partage entre eux? de quel droit le tribunal se subs-
tituerait-il à l'ascendant à cette fin? Voilà des considérations qui paraissent excessivement fortes et qui
entraînent des conséquences plus recommandables
encore : on s'accorde à reconnaître qu'il faut dans ces
questions respecter la volonté de l'ascendant, serait-ce
respecter sa volonté que d'annuler le partage qu'il a fait
pour le faire refaire ensuite non par lui mais par d'autres (1). On ne peut même pas soutenir l'opinion qui
donne aux enfants le droit d'attaquer le partage du
vivant de l'ascendant sans tomber dans cette inconséquence que les enfants qui sont seulement lésés seront,
après avoir triomphé de leur action, dépouillés.

Pourtant, quelles que soient les séductions de cette

(1) Demolombe, XXIII, n. 320.

argumentation, nous ne la croyons pas juste. Qu'est-ce en effet que le partage d'ascendant ?

C'est le partage d'une indivision dont les enfants sont devenus propriétaires par l'effet de la donation faite à leur profit et qui est irrévocable à moins de se trouver dans une des causes de révocation prévues par l'article 953 du Code civil. Le partage disparaît, mais l'indivision renaît, ceux qui s'y trouvent doivent avoir le droit de demander le partage conformément à l'article 815 du Code civil qui pose un principe général et qui s'applique à toute espèce d'indivision, le partage pourra donc être fait à l'amiable ou même en justice selon les règles générales des partages. Il n'est d'ailleurs pas exact de dire que ce mode d'agir est contraire aux intentions de l'ascendant : celui-ci s'est dessaisi par donation de ses biens au profit de ses enfants, il a fait un partage pour assurer l'égalité entre eux ; cette égalité n'a été qu'apparente, l'ascendant doit être tout à fait désireux de la voir se réaliser et ne peut pas voir d'un mauvais œil l'acte qui doit aboutir à ce résultat (1). On ne peut pas non plus reprocher à ce système de changer la destination des biens faite par l'ascendant parce qu'il est admis aujourd'hui en jurisprudence que l'ascendant doit respecter, en faisant un partage, le texte de l'article 832 du Code civil qui exige que les lots soient composés de biens de même nature.

(1) Duranton, IX, n. 647 en disant que la rescision intervenant en faveur des enfants ne peut pas leur nuire ; Toulouse, 12 août 1854, Devilleneuve, 1855.2.120.

Dans le système adopté par la jurisprudence qui place au jour du décès de l'ascendant seulement le point de départ du délai pendant lequel l'action en rescision peut être intentée, même dans les partages par actes entre vifs, plusieurs solutions sont intéressantes à noter au passage.

On considère que pendant la vie de l'ascendant l'action en rescision est comme suspendue, c'est-à-dire que si elle venait à être intentée, le juge ne devrait pas se prononcer sur sa recevabilité, il devrait l'écarter purement et simplement par une fin de non-recevoir tirée de ce qu'elle est intentée hâtivement. Il a été jugé que, même dans le cas où l'ascendant était décédé dans l'intervalle compris entre le moment où l'action est intentée et celui où le juge est appelé à statuer, l'action ne serait pas recevable (1).

Lorsque le partage d'ascendant a été fait cumulativement par plusieurs ascendants, ces partages sont considérés en jurisprudence, comme constituant un acte unique et indivisible et on ne pourra intenter l'action en rescision qu'après le décès du dernier mourant des ascendants (2).

---

(1) Limoges, 25 juin 1855, S. 1855.2.511. Cette solution est conforme au principe que, pour apprécier la qualité de recevabilité d'une action, le juge doit se placer au jour de la demande, sans tenir compte des circonstances qui ont pu modifier l'état de fait jusqu'au jour où il a été appelé à statuer.

(2) Cass., 14 août 1866, D. 1867.1.111 ; 2 janvier 1867, S. 1867.1.60 ; 18 juin 1867, S. 1867.1.207 ; 16 novembre 1885, S. 1886.1.454 ; Lyon,

Sur ce point une autre opinion soutient qu'après le décès de l'un des ascendants qui ont fait le partage cumulatif, les enfants peuvent agir en rescision en ce qui concerne les biens de l'ascendant prédécédé (1). Il ne peut pas y avoir indivisibilité comme le soutient la jurisprudence parce que les biens partagés ne forment pas une seule unité mais bien deux unités parfaitement distinctes.

L'indivisibilité, a-t-on dit, résulte de l'intention des ascendants qui ont fait le partage et de la volonté des descendants qui l'ont accepté. La question se réduit donc à savoir si les ascendants ont le droit de faire de leurs biens un tout indivisible. Il est difficile de le croire, chaque ascendant ne peut donner que ce qui lui appartient et les enfants n'ont le droit de réclamer que leur réserve sur la succession de leur père et de leur mère distinctement, on ne peut leur enlever ce droit et eux ne peuvent pas y renoncer, les articles 791 et 1130 du Code civil le défendent. On a encore dit que l'indivisibilité a pour cause des motifs d'ordre moral : les enfants ne peuvent pas agir contre leurs père et mère de leur vivant (ce que d'ailleurs nous n'admettons pas), à cause du respect qu'ils leur doivent, ils ne peuvent pas davantage actionner le survivant pour rompre un acte

18 août 1860, D. 1861.5.339 ; Agen, 7 juin 1861, D. 1862.2.116 ; 1er juin 1864, D. 1864.2.183 ; Toulouse, 22 mai 1863, D. 1863.2.78.

(1) Laurent, XV, n. 113. V. dans le même sens : Agen, 17 novembre 1856, D. 1856.2.297 et 16 février 1857, D. 1857.2.106.

que celui-ci a entendu faire indivisiblement avec son conjoint. Il y a bien ici quelque chose d'indivisible, répond M. Laurent, c'est le respect que les enfants doivent à leurs parents, mais cela ne suffit pas pour rendre le contrat fait par eux indivisible. Il reste encore à l'encontre de l'opinion que nous exposons, les difficultés de fait qui sont incontestables mais dont le juge ne peut jamais se prévaloir pour repousser une demande.

En tout cas, l'on a fait remarquer avec raison, que l'opinion de la jurisprudence n'est pas respectueuse des droits des enfants qui ont un droit actuel et immédiat sur les biens de l'ascendant prédécédé.

Notons enfin que la jurisprudence, pour échapper à l'exagération des conséquences de son opinion, a fini par y admettre d'importantes restrictions.

En cas de partage fait par un seul ascendant, toutes les fois que l'ascendant n'a pas pris une part active au partage, c'est-à-dire toutes les fois qu'il se borne à faire une donation collective à ses descendants sans intervenir à la distribution des biens, on décide qu'il n'y a pas lieu de suspendre l'action en rescision (1).

N'est-ce pas là reconnaître la justesse des observations que nous avons présentées ci-dessus, et si l'on admet que les deux actes, la donation collective et le partage, peuvent être séparés quelquefois, pourquoi

____

(1) Cass., 24 juin 1872, S. 1873.1.77 ; Poitiers, 4 février 1878, S. 1878.2.144 ; Besançon, 11 février 1882, S. 1882.1.107 ; Cass., 23 mars 1887, S. 1887.1.152.

ne pourrait-on pas dire qu'en vertu d'une fiction cette séparation a toujours été prévue par la loi dans les partages d'ascendants. Voilà que la jurisprudence elle-même donne aux descendants la qualité de copartageants, c'est bien fait pour nous encourager encore dans notre système qui consiste à la leur reconnaître toujours. La jurisprudence décide que dans cette question de savoir si l'ascendant a pris ou non une part active au partage, le juge du fait jouit d'un pouvoir d'appréciation souverain ; c'est en effet une pure question de fait qui échappe au contrôle de la Cour suprème.

Dans le cas de partage cumulatif fait par le père et la mère, la jurisprudence décide que si les biens ont été partagés comme faisant partie de deux patrimoines distincts, il n'y a pas lieu d'attendre la mort des deux ascendants, pour pouvoir agir en rescision contre le partage des biens de l'ascendant prédécédé parce qu'il y a, dans ce cas, deux partages compris dans le même acte (1).

(1) Toulouse, 22 mai 1863, D. 1863. 2. 78 ; *Sic*, Demolombe, XXIII, n. 227.

CHAPITRE III

Si l'on suppose que l'action en rescision est intentée
au décès de l'ascendant ce sera celui-là seul des descendants qui se prétendra lésé, qui pourra exercer l'action
contre ses autres copartageants ; il n'y a d'ailleurs aucun
inconvénient à employer ici l'expression de copartageant parce que tout le monde est d'accord, qu'une fois
l'ascendant décédé, il y a partage.

Dans l'opinion qui admet que l'action serait recevable même du vivant de l'ascendant, il ne doit rien y
avoir de changé, suivant nous : c'est toujours celui-là
seul qui a été lésé qui pourra exercer l'action et il
n'aura à appeler au procès que les copartagés parce que
c'est contre eux que l'action est dirigée. C'est à tort
que l'on a soutenu, dans l'opinion contraire, que l'action devrait être dirigée contre l'ascendant donateur et
c'est la meilleure réfutation que l'on pourra donner de
l'argument qui consiste à représenter comme une impiété et un scandale, le fait d'exercer l'action en rescision du vivant de l'ascendant. L'ascendant ne doit point
être mis en cause, car il n'est pas partie au partage, il

joue le même rôle que le notaire qui fait le partage
entre copropriétaires, or personne ne pense à mettre
celui-ci en cause.

La capacité pour intenter ou défendre à une action
en rescision dirigée contre un partage d'ascendant est
la même que pour les partages ordinaires, nous renvoyons donc à ce que nous avons dit lorsque nous avons
traité le partage de succession.

Mais une question qui est encore vivement controversée et qu'il nous faut examiner, est celle de savoir
si les descendants parties à l'action en rescision doivent
avoir la qualité d'héritiers.

Dans l'opinion de la jurisprudence qui consiste à ne
donner ouverture à l'action en rescision que du jour du
décès de l'ascendant en matière de partage fait par acte
entre vifs, on admet que la qualité d'héritier est nécessaire non seulement pour exercer l'action en rescision
mais même pour conserver son lot à titre de copartagé.
En effet, dit-on, l'enfant qui pour une cause ou une
autre ne vient pas à la succession de l'ascendant reste
ce qu'il a été jusqu'au décès, codonataire en avancement d'hoirie, or cette qualité ne lui donne nullement
le droit à l'égalité, il ne pourra donc bénéficier d'aucun
des effets du partage (1). Cette opinion est logique et se
concilie parfaitement avec le système de ceux qui admettent que le partage d'ascendant fait par acte entre

____

(1) Genty, p. 395 ; Demolombe, XXIII, n. 178.

vifs est une donation en avancement d'hoirie qui se transforme en partage de succession à la mort de l'ascendant.

Dans l'opinion qui considère le partage d'ascendant fait par acte entre vifs comme une ouverture anticipée de la succession, on exige aussi la qualité d'héritier des copartagés qui veulent se prévaloir des effets du partage.

Mais nous qui avons admis que le partage-donation était un partage de choses communes, nous ne pouvons pas admettre la solution des opinions précédentes. C'est en qualité de copartagés que les enfants peuvent exercer toutes les actions résultant du partage d'ascendant et cette qualité ne suppose pas nécessairement celle d'héritier pas plus dans le partage entre vifs que dans le partage testamentaire ; le droit d'agir résulte tout simplement de l'acceptation de la libéralité réalisée par le partage (1), libéralité qui leur donne immédiatement et irrévocablement la qualité de copartagés ; cette qualité persiste malgré la renonciation ou l'exclusion du copartagé de la succession de l'ascendant. L'action en rescision pourra donc être intentée et dirigée par et contre des descendants renonçants ou indignes (2).

Enfin dans une dernière opinion qui aboutit à la

(1) Baudry-Lacantinerie et Colin, II, n. 3718 *bis* ; Réquier, n. 98 ; Bonnet, n. 522 et s.

(2) Il faut remarquer que les causes de révocation des donations s'appliquant à l'acte qui constitue le partage d'ascendant, celui-ci sera annulé dans le cas de survenance d'enfant, d'indignité ou de non-exécution des charges.

même conséquence que les deux premières, on dit que
les droits et les obligations réciproques résultant des
rapports actuels et définitifs des copartagés que le partage par acte entre vifs établit entre les descendants,
qui y figurent, sont indépendants de la qualité d'héritier, d'où il résulterait que les actions ayant pour objet
l'exercice de ces droits ou l'exécution de ces obligations
pourraient être formés par chacun des descendants,
malgré la renonciation ou l'exclusion de la succession (1) ; tandis qu'il n'en serait pas de même de l'action en rescision, celle-ci suppose, dit-on dans cette
opinion, dans la personne qui veut l'intenter, un droit
personnel et propre à l'égalité préexistant au partage
ou qui existant au moment du partage s'est réalisé depuis. Ce droit à l'égalité, les descendants ne peuvent le
tirer que de leur qualité d'héritiers, et il n'est pas possible qu'en l'absence de cette qualité, ils puissent trouver dans le partage même, le droit de l'attaquer.

C'est là un système purement arbitraire, nous ne
voyons pas de raisons de distinguer entre les actions
tendant à assurer l'exécution du partage effectué par
l'ascendant et qui sont indépendantes de la qualité
d'héritier et les actions tendant à anéantir ce même
partage ; le droit à l'égalité qui est le fondement de ces
actions résulte, suivant nous, de l'abandon et du partage de ses biens fait par l'ascendant au profit de ses

(1) Aubry et Rau, VIII, § 734, note 5 ; Demolombe, XXIII, n. 135 et
153.

descendants et non pas de la qualité d'héritiers de
ceux-ci.

Pour toutes les autres questions se rapportant à
savoir quelles personnes peuvent intenter l'action en
rescision, nous n'avons rien à ajouter à ce que nous
avons dit à ce sujet à propos des partages de successions, et nous nous contentons de renvoyer à ce chapitre.

CHAPITRE IV

Il faut ici encore faire une distinction entre les partages faits par testament et ceux faits par acte entre
vifs.

§ 1. — Partage testamentaire.

Lorsque le partage d'ascendant est effectué par testament il n'y a aucune difficulté quant à l'estimation des
biens qui y sont compris.

L'article 890 du Code civil qui dit que l'estimation
des biens doit être faite d'après leur valeur à l'époque
du partage est applicable ici ; et comme le partage n'intervient qu'au décès de l'ascendant, on estimera les
biens d'après leur valeur et leur état à ce moment-là.

§ 2. — Partage entre vifs.

Lorsque le partage d'ascendant est effectué par acte
entre vifs, la question de savoir à quel moment il faut
faire l'estimation des biens qui y sont compris se ratta-
che à celle de savoir à quel moment le partage produit

ses effets, car c'est seulement à ce moment-là que, conformément à l'article 890 du Code civil, l'estimation devra être faite.

Ainsi dans l'opinion qui considère les partages faits par acte entre vifs comme un ensemble de donations en avancement d'hoirie, on propose deux systèmes différents : d'après le premier de ces systèmes, les biens devraient être estimés non d'après leur état au moment de l'acte, mais d'après leur valeur au jour du décès ; dans un second système, on devrait, en tenant compte de l'état des meubles au jour de la donation, estimer les meubles au jour de cet acte et les immeubles au jour du décès seulement.

Le premier système comporte deux propositions : les biens doivent être estimés d'après leur état au moment de l'acte et d'après leur valeur au moment du décès ; on explique la première de ces propositions en raisonnant par analogie avec l'article 922 du Code civil qui pose une règle d'estimation semblable toutes les fois qu'il s'agit d'évaluer les biens compris dans une donation. La conséquence de ce système c'est qu'il sera fait abstraction des améliorations ou détériorations provenant du fait des donataires copartagés ou des tiers possesseurs. On explique la deuxième proposition : que les biens seront estimés d'après leur valeur à l'époque du décès, en disant que ce n'est qu'à ce moment que l'acte revêt le caractère du partage et que c'est à ce moment qu'il faut se reporter pour en déduire tous les effets (1). Cette opinion est le résultat d'une confusion entre la question de savoir à quel moment s'ouvre l'action en rescision et celle de savoir à quel moment il faut se placer pour faire l'estimation des biens qui sont compris dans le partage.

Dans le second système que nous avons laissé entrevoir, on a été touché des conséquences fâcheuses du système précédent et on a cru pouvoir y apporter une atténuation en appliquant ici les règles que le Code établit pour le rapport des biens donnés sans dispense de rapport : le mobilier serait estimé sur le pied de sa valeur lors de la confection du partage (arg. art. 868), et les immeubles d'après leur état lors de la donation et leur valeur lors de l'ouverture de la succession (2).

La distinction ne doit pas être admise, l'analogie recherchée n'est pas heureuse parce qu'on ne peut pas appliquer les règles du rapport dans un cas justement où ce rapport ne peut pas avoir lieu (3).

Dans l'opinion de ceux qui considèrent que le partage fait par acte entre vifs produit tous ses effets dès le moment de sa confection, on décide que les biens doivent être estimés d'après leur état et leur valeur au moment de

(1) Aubry et Rau, VIII, § 734, textes et notes 11, 12 ; Troplong, IV, 2331 ; Bonnet, II, 633 à 641. Cass., 25 août 1869. D. 1869.1.454 ; 26 décembre 1876, D. 1877.1.171 ; Bourges, 22 décembre 1879, D. 1880.2.118 et un grand nombre d'arrêts.

(2) Genty, p. 318 ; Demolombe, XXIII, n° 222.

(3) En ce sens : M. Lyon-Caen, *Partages d'ascendants*, p. 272. Cass., 16 décembre 1878, D. 1879.1.223.

la donation (1). En effet, dit-on, l'égalité doit être l'œuvre de l'ascendant, comment ne pas admettre que celui-ci ne s'attache pas à la valeur des biens au moment où il les partage ? Comment admettre qu'un partage parfaitement légal et régulier au moment où l'ascendant y procède, puisse ultérieurement devenir illégal et irrégulier par suite de changements survenus dans la valeur des biens partagés ? changements peut-être tout à fait fortuits. L'ascendant a établi une parfaite égalité entre ses enfants et le partage qu'il a ainsi effectué deviendrait ultérieurement rescindable pour cause de lésion ? C'est impossible ! Voilà autant d'arguments qui militent pour l'adoption de l'opinion que nous exposons (2).

Pourtant ici aussi, la pratique est en sens contraire ; la jurisprudence de la Cour suprême et après elle celle des cours d'appel et quelques auteurs ont décidé que l'estimation doit être faite d'après l'état des biens, au moment du partage, et leur valeur au moment du décès.

En réalité, ce qui a amené la jurisprudence à adopter ce système, c'est la solution donnée par elle à la question de savoir à quelle époque s'ouvre l'action en

(1) Labbé, *J. du Pal.*, 1863, p. 934 et s. ; 1878, p. 369 ; Laurent, XV, n. 119 et s. ; Dubernot du Bosq, *Revue critique*, 1859, 15, p. 251 et 451, qui dit que dans le système contraire on crée une sorte d'inaliénabilité entre les mains des copartagés qui ne trouveront pas d'acquéreurs, ceux-ci ayant juste sujet de craindre la rescision pour une lésion future ; Agen, 31 décembre 1868, D. 1869.2.9 et 8 juillet 1869, D. 1869.2.41.

(2) Baudry-Lacantinerie et Colin, II, n. 3705 *bis*.

rescision des partages entre vifs. Il y a certainement une corrélation entre les deux questions, mais nous pensons pourtant, sur la question qui nous occupe, que, tout en admettant le système de la jurisprudence sur l'ouverture de l'action en rescision, on pourrait admettre que l'estimation puisse être faite au moment même de l'acte de disposition, non seulement quant à l'état, mais même quant à la valeur des biens ; on éviterait ainsi les conséquences fâcheuses que produit dans la pratique l'adoption du système contraire.

CHAPITRE V

FINS DE NON-RECEVOIR CONTRE L'ACTION EN RESCISION
DES PARTAGES D'ASCENDANTS.

Nous n'insisterons dans ce chapitre que sur les règles qui sont spéciales aux partages d'ascendants, nous
contentant pour celles qui sont communes à ces partages et aux partages de successions à renvoyer à ce que
nous avons dit en traitant ce sujet.

SECTION I.

§ 1. — Paiement d'un supplément.

L'article 891 du Code civil qui autorise le défendeur
à l'action en rescision à payer le complément, pose un
principe général applicable non seulement aux partages
de succession, mais à tous les partages toutes les fois
qu'une règle spéciale n'est pas venue déroger au principe. La doctrine n'hésite pas à en faire l'application
au partage d'ascendant (1) ; la jurisprudence semble

(1) Baudry-Lacantinerie et Colin, II, n. 3699 ; Laurent, XV, n. 126 ;
Réquier, n. 183 ; Aubry et Rau, VIII, § 734, p. 40 ; Demolombe, XXIII,
n. 181 · Huc, VI, n. 446 ; Duranton, IX, n. 681.

également être fixée en ce sens quoiqu'il y ait quelques arrêts en sens contraire (1).

Il n'y a d'ailleurs pas de raisons sérieuses pour refuser ce droit au défendeur à l'action en rescision d'un partage d'ascendant ; ici comme en matière de partage de succession, l'inconvénient de l'annulation du partage est le même ; il est peut-être même plus grand dans le partage d'ascendant puisque l'action ne peut être intentée qu'un temps plus ou moins long après la passation de l'acte ; il y aurait donc entre les copartagés et les tiers de nombreux rapports d'intérêts qui seraient blessés si le partage était annulé.

Ce droit conféré par l'article 891 comporte une atténuation heureuse aux effets du système admis par la jurisprudence sur la question de l'époque d'ouverture de l'action en rescision contre le partage d'ascendant (2).

Quant aux questions de savoir quelles personnes peuvent se prévaloir du droit de l'article 891, à quel moment le complément peut être offert et quelle doit être la valeur du supplément offert, nous renvoyons

(1) Cass., 17 août 1863, S. 1863.1.529 ; Toulouse, 13 juin 1836, S. 1836.2. 556. — *Contrà*, Toulouse, 21 août 1833, S. 1834. 2. 123.

(2) Un arrêt de cassation du 22 juillet 1879, S. 1880.1.389, décide que dans le cas où un partage d'ascendant comprend l'universalité des biens de celui-ci, l'action en rescision ne peut être arrêtée que par l'offre faite au copartagé lésé de lui fournir le complément d'une part héréditaire égale à celle que recueillent les autres copartagés, l'offre de lui compléter sa réserve ne suffirait pas.

aux règles posées en matière de partages de succession.

§ 2. — Ratification.

Le partage d'ascendant peut comme tous les actes
entachés de nullité relative être ratifié ; il n'y a aucune
différence à faire à cet égard entre le partage d'ascendants et le partage de succession. On ne saurait prétendre que l'acceptation des descendants requise pour la
validité et l'existence du partage fait par acte entre vifs,
entraîne de leur part confirmation tacite et donnerait
naissance à une fin de non-recevoir déduite de cette
confirmation qui empêcherait plus tard d'exercer l'action en rescision. Ce raisonnement ne peut pas être tenu
avec plus de chances de succès en notre matière qu'il ne
pourrait l'être en matière de partage ordinaire ; dans un
cas comme dans l'autre, la lésion ne sera probablement
connue que plus tard, elle est le résultat d'une erreur et
la confirmation ne pourra intervenir que lorsque cette
erreur sera reconnue. Il n'y a d'ailleurs plus de doute
ni en jurisprudence ni en doctrine sur ce point (1).

Pour que la confirmation puisse être faite valuble-
ment il faut qu'elle émane d'une personne ayant la libre
disposition de sa part héréditaire dans les biens partagés, ayant en même temps connaissance de la lésion et

_____

(1) V. en ce sens, Duranton, IX, n. 645 ; Laurent, XV, n. 132 ; Toulouse, 23 décembre 1835, D. *Rép.*, V° *Disp. entre vifs*, n. 4627.

exprimant l'intention de réparer le vice (arg. art. 1338, C. civ.).

Dès que ces conditions sont remplies, la confirmation peut intervenir utilement ; elle peut être expresse ou tacite, il y a lieu de se reporter sur ce point à tout ce que nous avons dit pour les partages de successions.

Une question qui cependant est spéciale aux partages d'ascendants est celle de savoir à quelle époque la confirmation devient possible.

Dans le cas où le partage est fait par testament la confirmation ne pourra résulter que d'actes ou de faits postérieurs au décès de l'ascendant.

Mais le partage d'ascendant fait par acte entre vifs est-il soumis à la même règle ? La jurisprudence et les auteurs qui admettent que le partage entre vifs ne produit d'effets qu'à la mort de l'ascendant sont conséquents avec leur opinion en disant qu'il n'y a pas lieu de faire de différence à cet égard entre le partage testamentaire et le partage entre vifs (1).

Pour ceux qui admettent que le partage entre vifs produit des effets immédiats et que l'action en rescision peut être exercée au moment même de l'acte, la confirmation peut intervenir à la même époque pourvu qu'elle remplisse les autres conditions nécessaires à sa validité (2).

(1) Delvincourt, II, p. 150 ; Duranton, IX, n. 645 ; Troplong, IV, n. 2336 ; Demolombe, XXIII, n. 225 ; Régnier, 243 à 246 ; Bonnet, II, n. 685 ; Bourges, 22 décembre 1879, S. 1880.2.200.

(2) Laurent, XV, n. 135 ; Baudry-Lacantinerie et Colin, II, n. 3732.

La question est aujourd'hui résolue dans le sens de l'o-
pinion adoptée par la jurisprudence, c'est donc inutile-
ment que l'on opposerait aux enfants copartagés les
approbations expresses ou tacites qu'ils auraient données au partage effectué entre eux par l'ascendant si
ces approbations sont intervenues avant le décès de
celui-ci, puisque l'action en rescision n'est pas encore
née (1).

Ainsi la Cour de cassation a décidé que la transaction intervenue du vivant de l'ascendant était nulle
comme étant viciée par la même cause qui vicie le partage (2).

M. Laurent a combattu ce système de la jurisprudence ; voici en quels termes s'explique le savant ju-
risconsulte : la Cour de cassation dit que les partages
d'ascendants, lorsqu'il y a lésion de plus du quart au
préjudice d'un copartagé, sont présumés n'avoir pas
été consentis par les enfants dans toute la plénitude de
leur liberté.

Est-ce bien là, se demande M. Laurent, la présomption sur laquelle la loi admet l'action en rescision ?
Le vice ne consiste pas dans la violence morale que le
père exerce, car le consentement du père est aussi vicié ;
la lésion résulte d'une erreur sur la valeur des choses
partagées : la loi présume que l'ascendant s'est trompé
aussi bien que les enfants, voilà pourquoi elle admet

(1) Arrêt du 6 février 1860, S. 1860.1.428.
(2) Laurent, XV, n. 135

l'action en rescision et du vivant même de l'ascendant
et il n'y a donc pas d'ingratitude ni d'impiété à demander que l'on refasse un partage que l'ascendant lui-
même aurait refait s'il avait connu la vraie valeur de
ses biens. Appliquée à l'ascendant, la présomption n'est
guère qu'une supposition, mais elle devient une réalité
pour les enfants qui peuvent ne pas connaître la valeur
exacte des biens de leur père.

La jurisprudence a dit encore pour soutenir que la
confirmation ne peut pas intervenir du vivant de l'ascendant, que l'article 1338 du Code civil exige que la
confirmation intervienne en pleine connaissance du
vice dont l'acte était infecté et dans l'intention de le réparer, or les causes de rescision d'un partage d'ascendant ne peuvent être vérifiées qu'à son décès (1). Nous
admettons fort bien avec la Cour que la règle de l'article 1338 doit être respectée en ce sens que la confirmation ne peut intervenir qu'en pleine connaissance de
cause, mais nous croyons que la Cour a tort de dire que
les causes de rescision ne peuvent être connues qu'au
décès. Il y a certainement là une confusion entre les
deux actions prévues par l'article 1079, l'action en complément pour atteinte à la réserve et l'action en rescision pour lésion de plus du quart ; pour la première de
ces actions il est juste de dire que son existence ne sera
connue qu'au décès, parce que ce n'est qu'à ce moment

____

(1) Cass., 18 juin 1867, D. 1867.1.274.

que l'on pourra apprécier si la réserve est entamée ;
mais pour l'action en rescision nous ne voyons pas ce
qui empêcherait les enfants du vivant de leur père de
reconnaître l'erreur qu'il a commise en formant les
lots. Ils s'en apercevront dès qu'ils seront en possession
des biens partagés, ils peuvent du moins la reconnaître ;
dès lors on doit les admettre à agir de suite et à pouvoir
confirmer de suite également.

En ce qui concerne les partages cumulatifs faits par
le père et la mère ou par deux ascendants, la jurisprudence fidèle à son système n'admet pas l'intervention
de la confirmation avant le décès du survivant des ascendants et cette opinion est suivie par plusieurs auteurs (1). Nous, nous sommes forcés, comme conséquence de l'opinion que nous avons admise sur l'époque
de l'ouverture de l'action, à admettre l'opinion diamétralement opposée et à dire que la confirmation peut
intervenir du vivant des deux ascendants (2).

Enfin, une troisième opinion qui tire ses conséquences d'un système que nous avons exposé ci-dessus et qui
tend à autoriser l'exercice de l'action en rescision contre un partage d'ascendants cumulatif après le décès de
l'un des ascendants, admet également que la confirma-

(1) Demolombe, XXIII, n. 277 ; Régnier, n. 250 ; Bonnet, II, n. 660;
Cass., 11 juin 1872, S. 1873. 1. 110 et 18 juin 1867, D. 1867. 1. 274 ;
Caen, 1er juillet 1864, S. 1864.2.330 ; Chambéry, 23 juillet 1873, S.
1874.2.43..

(2) Baudry-Lacantinerie et Colin, II, n. 3733 ; Laurent, XV, n. 138.

tion peut intervenir après le décès de l'un des dits ascendants en ce qui concerne ses biens personnels (1).

Cette solution ne nous paraît en tout cas pas douteuse : dès que la succession de l'un des ascendants est ouverte, l'enfant a droit à sa part héréditaire dans cette succession ; s'il a connaissance de la lésion, il peut intenter l'action en rescision et il peut aussi confirmer le partage. On objecte que le partage cumulatif est indivisible ; nous avons dit comment cette objection devait être combattue. On a ajouté que le respect que l'enfant a pour l'ascendant survivant ne lui laisserait pas la pleine liberté de son consentement. Il suffit de rappeler pour répondre à cet argument que la seule crainte révérentielle n'est pas suffisante, aux termes de l'article 1117 du Code civil, pour emporter la nullité des contrats passés entre ascendants et descendants.

§ 3. — Prescription.

L'action en rescision contre un partage d'ascendant peut être éteinte par la prescription . Les règles générales et spéciales de la prescription sont ici applicables.

Lorsque le partage est fait par acte entre vifs, l'action en rescision se prescrit pas dix ans, c'est la règle spéciale de l'article 1304 qu'aucune raison n'autorise à ne point appliquer ici.

(1) Laurent, XV, n. 138 ; Agen, 16 février 1857, D. 1857.2.106.

Lorsque le partage est fait par testament le délai de
la prescription a été discuté. On ne peut en effet adopter
ici une prescription de dix ans en la fondant sur l'article 1304 du Code civil, car l'article 1304 ne parle que
des conventions et que le testament n'est pas une convention, mais un acte. On reste donc dans la règle générale de l'article 2262 du Code civil, d'après laquelle
toutes les actions se prescrivent par trente ans (1).

L'opinion contraire a pourtant été soutenue (2). Nous
la croyons indéfendable en présence des termes précis
de l'article 1304 qui apporte une exception à la règle
générale, exception qui doit par suite être rigoureusement maintenue aux actions en nullité et en rescision
des conventions.

Tout ce que nous avons dit aux partages de succession relativement à la limitation de la portée de l'article 1304 et à son interprétation est applicable aux partages d'ascendants.

Un point controversé en notre matière comme en
matière de partage de succession est celui de savoir à
partir de quel moment commence à courir la prescription. Il faut pour résoudre la question distinguer entre
le partage testamentaire et le partage entre vifs.

______

(1) Troplong, IV, n. 2231 ; Colmet de Santerre, IV, n. 247 *bis,* VIII ;
Demolombe, XXIII, n. 216 ; Régnier, n. 229 ; Bonnet, II, n. 616 et
619 ; Laurent, XV, n. 114 ; Baudry-Lancantinerie et Colin, II, n. 3724;
Aubry et Rau, VIII, § 734, p. 41 ; Cass., 25 novembre 1857, S. 1858.
1.209.

(2) Duranton, IX, n. 646 ; Genty, n. 55 ; Zachariæ, § 734 note II.

1. *Partage testamentaire*. — Nous savons qu'on s'accorde à reconnaître que l'action en rescision ne s'ouvre qu'au décès de l ascendant ; le délai de prescription qui, rappelons le, est ici de trente ans, commence à courir à partir de ce moment.

Il a pourtant été soutenu que la prescription ne commençait à courir qu'à partir du moment où le testament qui opère le partage était découvert et l'on s'est appuyé pour soutenir cette opinion sur la maxime : « *Contra non valentem agere non currit praescriptio* » (1).

Mais cette maxime n'est nulle part écrite dans la loi qui semble, au contraire, n'avoir admis le principe de la suspension de la prescription que dans certains cas exceptionnels qu'on ne peut étendre (2).

2. *Partage par acte entre vifs*. — Si nous appliquons ici la règle que la prescription commence à courir à partir du moment où l'action en rescision est ouverte, nous nous retrouvons devant les deux systèmes admis sur ce point :

α) La jurisprudence ne fait courir le délai de la prescription qu'à partir du jour du décès de l'ascendant et non à dater du jour du partage en vertu de la maxime : « *Actiones non natae non praescribuntur* » (3). Cette

(1) Duranton, IX, n. 646.
(2) Laurent, XV, n. 15 ; Baudry-Lacantinerie et Colin, II, n. 3720.
(3) Aubry et Rau, VIII, § 734 et les autorités citées aux notes 19 et 20; Orléans, 29 juillet 1880, D. 1881.2.161 ; Toulouse, 26 juillet 1878, D. 1879.2.177.

conséquence tirée du principe est rigoureusement exacte, mais nous ne saurions l'admettre puisque nous n'admettons pas le principe d'où elle découle.

β) Pour ceux qui admettent avec nous que le partage entre vifs produit des effets immédiats, le délai de la prescription commence à courir du jour même de l'acte.

Que le point de départ soit fixé à la mort de l'ascendant ou pendant sa vie, nous pensons que le délai ne commence à courir que du moment où la partie lésée a eu connaissance de la lésion parce que la prescription de l'article 1304 du Code civil est fondée sur une idée de confirmation tacite. Nous avons examiné cette question controversée au titre des partages de successions, il y a ici les mêmes raisons de décider (1).

Quel est le point de départ de la prescription dans le cas où le partage entre vifs n'est que partiel et qu'il reste des biens indivis au décès de l'ascendant?

Dans notre système il n'y a pas de doute, la prescription de l'action en rescision commence à courir du jour de l'acte aussi bien que lorsqu'il s'agit d'un parge total, il n'y a pas lieu de s'arrêter à la circonstance qu'il reste encore des biens indivis dans le patrimoine de l'ascendant.

La jurisprudence applique en cette matière la même règle que pour un partage total (2), l'action est donc

____

(1) Voyez, *suprà*, p. 76, note 2, et p. 77, note 1.
(2) Cass., 27 novembre 1805, 3. 1800,1.104.

suspendue jusqu'au jour du décès. On a fait observer avec raison que cette solution était arbitraire et que la jurisprudence devrait tout au moins pour être logique et conséquente avec elle-même retarder le point de départ de la prescription jusqu'au jour du partage des biens restés indivis, ce nouveau partage devant former un seul tout avec l'ancien et pouvant par suite en réparer le vice.

Un auteur (1) a relevé cette contradiction et s'est demandé avec raison pourquoi la Cour de cassation refuse l'exercice de l'action en rescision du vivant de l'ascendant, puisqu'elle ne la refuse pas avant l'exécution du partage des biens indivis.

A quel moment commence à courir le délai de la prescription d'un partage cumulatif?

L'opinion admise aujourd'hui est celle de la jurisprudence qui n'accordant l'action en rescision contre un tel partage qu'au décès du dernier mourant ne fait courir la prescription qu'à partir de la même date (2).

Pour nous qui croyons que l'action en rescision peut être accordée au moment même de l'acte, la prescription commence à courir à ce moment.

La jurisprudence distingue pourtant suivant que le partage cumulatif est divisible ou indivisible ; dans le cas où le partage est divisible, ce qui arrive toutes les fois que les circonstances de fait prouvent que les as-

(1) Laurent, XV, n. 117.
(2) Orléans, 29 juillet 1880, S. 1884.1.259.

cendants se sont bornés à réunir dans un même acte deux partages en réalité distincts, le délai de prescription commencera à courir au décès du premier mourant pour les biens qui font partie de son patrimoine (1), pour le cas où le partage cumulatif est indivisible, le délai de prescription ne court que du jour du décès du survivant des ascendants.

Enfin dans l'opinion qui soutient que les ascendants n'ont pas le droit de créer l'indivisibilité en faisant un partage cumulatif de leurs biens, on s'accorde toujours à donner un point de départ différent à l'action en rescision relative à chaque portion de biens, c'est-à-dire au décès de chacun des ascendants.

SECTION II

§ 1. — Disposition spéciale de l'article 1080 du Code civil.

Pour éviter que les descendants attaquent trop à la légère les partages opérés par leurs ascendants, la loi a édicté une mesure spéciale qui oblige l'enfant demandeur à l'action en rescision, à peine d'irrecevabilité de sa demande, à faire l'avance des frais de l'estimation, (article 1080 du Code civil).

Cette disposition est tout à fait exceptionnelle, et l'on ne doit pas l'étendre au delà de ses limites : ainsi le

(1) Cass., 16 janvier 1867, S. 1867.1.177.

texte exigeant seulement l'avance des frais, on ne pourrait pas exiger que ces frais fussent consignés : le tribunal ne pourra donc pas ordonner la consignation, mais il a le droit de prendre des mesures de précaution ; il pourrait, par exemple, ordonner le dépôt des frais d'estimation au greffe (1).

§ 2. — Dispositions permises aux ascendants pour entraver l'exercice de l'action.

L'ascendant qui fait le partage de ses biens entre ses descendants, pourrait-il empêcher la rescision du partage, même après sa mort, si, comme le décide la jurisprudence, c'est à ce moment seulement qu'il peut être question d'exercer l'action en rescision.

Nous avons vu que dans le cas où l'ascendant fait deux ou plusieurs partages successifs, il peut par un partage postérieur corriger le vice d'un partage antérieur. Nous avons vu aussi que toutes les fois qu'à côté du lotissement opéré par le partage, l'ascendant faisait en même temps une donation indépendante avec l'intention de corriger le vice dont le partage était atteint, le copartagé devait renoncer à agir en rescision.

A l'inverse, en donnant ou en léguant par préciput et hors part aux copartagés appelés à bénéficier des lots

(1) Réquier, n. 190; Demolombe, XXIII, n. 211; Laurent, XV, n. 125 ; Baudry-Lacantinerie et Colin, II, n. 3773 ; Riom, 10 mai 1851, D. 1852. 2.155 ; V. en sens contraire, Lyon, 18 avril 1860, D. 1861.5.338.

plus avantageux, l'excédent de valeur que ces lots pouvaient présenter sur les lots des autres copartagés, l'ascendant peut faire revivre l'égalité et les copartagés ne pourront pas agir en rescision.

Il ne faut pas pourtant que par ce moyen l'ascendant arrive à priver l'un des descendants d'une portion quelconque de sa réserve, le descendant, dans cette hypothèse aurait toujours le droit d'intenter l'action prévue par le 2ᵉ alinéa de l'article 1079 du Code civil (1).

Quelle objection pourrait-on faire au droit pour l'ascendant d'insérer une telle clause dans le partage ? Peut-on dire qu'on viole ainsi la règle d'ordre public en vertu de laquelle l'enfant a droit à l'égalité ? Nous ne le pensons pas ; ce caractère n'appartient à la loi d'égalité dans le partage d'ascendant que dans la mesure où elle oblige l'ascendant à donner à chacun de ses enfants la part de réserve à laquelle il a droit, ou une part égale à celle des autres, si dans le partage il donne plus que la réserve à l'un d'eux ; il est bien certain qu'en faisant par le partage une donation du surplus à l'enfant lésé, il rétablit l'égalité à son profit ; or en déclarant vouloir donner par préciput et hors part le surplus à ceux qui sont avantagés il ne fait que retirer ces biens du partage et il rétablit l'égalité. Il n'y a rien dans tout cela que de très licite.

Mais si l'ascendant ne se bornait pas à faire simple-

(1) Montpellier, 6 mars 1871, D. 1871. 2. 252 ; Laurent, XV, n. 127 ; Baudry-Lacantinerie et Colin, II, n. 3701 ; Réquier, n. 188.

ment une donation par préciput ou hors part pour arriver à l'égalité entre les copartagés et s'il édictait une
clause pénale contre ceux des descendants qui attaque-
raient le partage, ces clauses seraient-elles valables ?

La jurisprudence les valide en général ; elle les valide
toutes les fois que l'ascendant se borne à disposer de la
quotité disponible sans entamer la réserve (1). En effet,
dit-on, ces clauses ont pour but de maintenir un partage régulier puisque la réserve est bien partagée et que
l'ascendant peut à son gré disposer de la quotité disponible ; si elles ont ce but, les clauses pénales doivent être
validées parce que le partage a pour but de prévenir les
contestations et les dissensions qui s'élèvent trop souvent entre copartageants et pour que ce but soit atteint
il faut que le partage soit à l'abri de toute attaque. La
doctrine paraît vouloir suivre la jurisprudence sur ce
point (2).

On a pourtant contesté la validité de ces clauses pour
le motif qu'elles avaient pour but d'interdire aux descendants l'exercice de l'action en rescision, c'est-à-dire
de leur interdire d'user d'un droit qui leur est accordé
par une loi d'ordre public.

Nous ne croyons pas que l'ordre public soit ici en jeu ;
comme on le dit, l'ascendant aurait pu ne pas donner la

____

(1) Cass., 22 juillet 1874, S. 1874.1.479 ; Chambéry, 8 juillet 1873,
S. 1874.2.12 ; la note sous Caen, 9 juin 1874, S. 1876.2.233.
(2) Baudry-Lacantinerie et Colin, II, n. 3701 *bis* ; Laurent, XV,
n. 486 et 487 ; Troplong, I, n. 267.

quotité disponible, donc il a pu la donner avec certaines réserves. Mais si nous estimons que l'ascendant
peut valablement faire la donation par préciput ou hors
part de la portion des biens qui pourrait être considérée
comme excédant la part héréditaire, nous ne croyons
pas pouvoir reconnaître la validité des clauses pénales
pour la raison suivante : l'ascendant est libre de comprendre dans le partage la réserve ou la quotité disponible, mais dans le cas où il les a comprises toutes les
deux il s'engage à respecter l'égalité entre ses descendants et il n'a plus le droit de donner, directement ou
indirectement par l'insertion d'une clause pénale dans
l'acte, à l'un sa part dans la quotité disponible cumulée
avec sa part dans la réserve et à un autre sa part dans
la réserve seulement, aux risques de voir l'acte rescindé
pour cause de lésion (1).

(1) V. M. Lyon-Caen, *Partages d'ascendants*, p. 292.

CHAPITRE VI

L'action en rescision étant admise, son effet absolu est d'anéantir le partage fait par l'ascendant.

Le juge devra prononcer la rescision et il ne pourra pas maintenir la distribution faite par l'ascendant en ordonnant la réparation de la lésion, il n'a pas ce droit (1).

Pourtant cette règle n'est point suivie dans l'opinion aujourd'hui admise en pratique aux termes de laquelle, l'action en rescision n'est intentée qu'au moment où la succession de l'ascendant est ouverte. Le juge, dit-on, aurait le droit de refuser de prononcer la rescision du partage fait par l'ascendant avant le partage définitif de la succession, car il se pourrait que la lésion dans le partage d'ascendant fut réparée par un prélèvement exercé au profit du copartagé lésé dans les biens composant la succession (2).

---

(1) Aubry et Rau, VIII, § 734 texte et note 151 ; Domolombe, XXIII, n. 134 ; Bonnet, II, n. 591 ; *Contrà*, Zachariæ, § 734, note 9, Cass., 24 juillet 1828, 6 juin 1834, S. 28, 39, 281, 89.

(2) Aubry et Rau, VIII, t. 734, texte et note 16 ; Demolombe, XXIII, n. 180 ; Cass., 29 août 1864, S. 1864.1.435.

On dit, à l'appui de cette théorie, que les biens qui composent le lot de chacun des descendants, leur étant abandonnés en vue de leur qualité d'héritiers présomptifs et à valoir sur la part héréditaire à laquelle ils auront droit, s'ils viennent à la succession, il est conforme à la nature du partage d'ascendant et au but de la loi, de ne pas former l'action en rescision contre un acte séparé, tel qu'est le partage, mais qu'il faut comme si l'ascendant avait fait plusieurs partages corriger le partage d'ascendant avec le partage de la succession.

Pour ceux qui croient que l'action en rescision peut être exercée de suite et qui donnent aux copartagés le titre et la qualité pour agir du vivant de l'ascendant, ces combinaisons sur les deux masses sur lesquelles les descendants ont des droits différents nous paraissent impossibles.

Le partage étant considéré comme non avenu l'indivision doit être rétablie entre tous les ayants droit.

C'est sur le rétablissement de l'indivision que l'on a le plus discuté.

Pour les partages testamentaires, les choses paraissent et sont même très simples, les copartagés sont de droit dans l'indivision par l'effet de l'ouverture de la succession à leur profit ; cette indivision était paralysée par le partage, si celui-ci n'existe plus, elle reparaît. Il en doit être de même pour le partage fait par acte entre vifs si l'on admet, comme c'est l'opinion suivie aujourd'hui, que la rescision ne peut intervenir qu'à la mort de l'ascendant : on a même dit et donné comme argument pour soutenir que l'action en rescision ne doit s'exercer qu'au décès, l'impossibilité de créer un état d'indivision au profit des descendants pendant la vie de l'ascendant.

Nous ne voyons pas pour notre part de raisons qui puissent faire obstacle à l'existence de cette indivision entre descendants du vivant de l'ascendant et pour refuser pour ce motif d'intenter l'action en rescision du vivant de l'ascendant ; bien au contraire, la règle de l'irrévocabilité des donations fait obstacle à ce que les biens fassent retour à l'ascendant ; en outre ils ne peuvent pas revenir dans le patrimoine de l'ascendant parce qu'il y a un état d'indivision préexistant au partage et qui dérive de la donation elle-même en vertu d'une fiction (1).

Voilà donc l'indivision rétablie, pendant la vie de l'ascendant ou après son décès elle ; doit comprendre tous les biens qui ont été compris dans le partage ; en conséquence, chacun des descendants est obligé de res-

---

(1) Laurent, XV, n. 128 ; Baudry-Lacantinerie et Colin, II, n. 3746 ; — *Contrà*, Réquier, p. 424 et s. qui refuse l'action en rescision du vivant de l'ascendant pour le motif que l'indivision ne pourra jamais être rétablie ; en effet le partage rescindé resterait valable comme donation et les copartagés ne seraient pas forcés de fournir le rapport avant le décès de l'ascendant ; si on prétendait, dit le savant magistrat, que la donation est annulée aussi alors, les biens retournent dans le patrimoine, c'est ici que M. Réquier refuse d'admettre l'état d'indivision préexistante pour ce motif que la donation collective enlève à l'ascendant le droit de faire le partage.

tituer, comme en matière de partage ordinaire de succession, les biens qui composaient son lot pour former la masse indivise.

Le rapport à cette masse se fera de la même façon que pour les partages de successions.

Suivant une autre opinion (1) le rapport à la masse lorsqu'il s'agit d'un partage fait par acte entre vifs rescindé, devrait se faire conformément aux règles qui régissent le rapport des donations en avancement d'hoirie à la succession, en vertu des articles 856, 859 et 868 du Code civil et l'on s'appuie, pour le soutenir, sur ce que les attributions faites aux descendants dans un partage fait par acte entre vifs, sont de véritables donations en avancement d'hoirie. Il a paru assez bizarre d'appliquer les règles du rapport dans un cas où il y a certainement dispense de rapport, mais on a répondu à cette objection, dans l'opinion qui fait ici l'application des articles 856 et suivants du Code civil, que la dispense de rapport ne s'applique qu'au cas où le partage est maintenu.

Quelques auteurs ont combattu cette opinion (2) et nous n'hésitons pas à nous joindre à leur opinion : en nous déclarant partisans du système qui ne croit pas devoir considérer les attributions faites aux descen-

____

(1) Demolombe, XXIII, n. 235 et s. ; Réquier, n. 194 à 203 ; Bonnet, II, n. 679 et 684.

(2) Aubry et Rau, VIII, 734, note 31.

dants comme de véritables dons en avancement d'hoirie, nous ne pouvons admettre que les règles relatives
aux rapports des dons à la succession soient valables ;
nous ne voyons pas de raison suffisamment concluante
pour attribuer à la rescision d'un partage d'ascendant,
des effets différents de ceux que produit la rescision
d'un partage ordinaire.

Pour la restitution des fruits ou des intérêts perçus
par les copartagés, nous croyons qu'il y a lieu d'appliquer les mêmes règles que pour le partage de succession, règles qui ont été exposées ci-dessus, c'est-à-dire
que les fruits ou intérêts seront dus par l'effet de la
rescision du jour de l'acte du partage.

Nous avons vu que l'opinion généralement admise
en jurisprudence et même en doctrine était que les fruits
dans le cas où un partage de succession est rescindé,
ne sont dus par le possesseur de bonne foi que du jour
où l'action en rescision est intentée ; la même solution
a été admise par la jurisprudence en matière de partage
d'ascendant (1).

On fait cependant ici une différence pour les possesseurs de mauvaise foi ; ceux-ci ne seraient tenus dans
le cas où le partage a été fait par acte entre vifs, à restituer les fruits et les intérêts par eux perçus que du
jour de l'ouverture de la succession et non pas du jour du
partage, parce que dans l'opinion qui ne donne au par-

_____

(1) Cass., 11 juillet 1866, S. 1866.1.398.

tage des effets que du jour du décès de l'ascendant, les effets de l'action en rescision ne sauraient remonter au delà de l'époque de son ouverture ; quant au droit en vertu duquel les descendants sont admis à conserver les fruits et les intérêts perçus avant l'ouverture de la succession, ils le tiennent de la libéralité de l'ascendant (1).

Les effets de la rescision ne se limitent pas aux rapports entre les copartagés, ils réagissent aussi contre les tiers. Comme pour les partages de successions, les aliénations consenties par les copartagés, tous les droits réels ou autres constitués par eux sur les biens compris dans leur lot, tombent par l'effet de la rescision : *resoluto jure dantis, resolvitur jus accipientis*.

A la rigueur de cette règle qui a donné lieu à des discussions, étudiées au partage de succession, on admet un tempérament considérable :

Les effets de la rescision restent subordonnés à l'évènement du nouveau partage et les tiers intéressés ont le droit d'y intervenir pour faire respecter leurs droits (article 882 du Code civil). La jurisprudence est aujourd'hui absolument fixée sur ce point de donner les effets les plus larges à l'action en rescision et quelques auteurs adoptent une solution analogue (2).

____

(1) Réquier, n. 206 *bis* ; Bonnet, II, 693 ; *contrà*, Demolombe, XXIII, n. 240 qui ne fait que la distinction déjà connue au titre des successions entre le possesseur de bonne et celui de mauvaise foi.

(2) V. spécialement, Cass., 20 juillet 1887, S. 1887.1.377. Cette ju-

Mais la majorité des auteurs a adopté une opinion contraire sur la question de savoir quel est l'effet de la rescision par rapport aux tiers (1) : un partage d'ascendant fait par acte entre vifs, doit d'après ce système, lorsqu'il est rescindé pour cause de lésion, être considéré comme non avenu comme partage et subsister comme donation en avancement d'hoirie ; en effet l'acte a un double caractère et si la rescision pour cause de lésion peut s'appliquer à l'acte comme partage, elle ne peut pas lui être appliquée comme donation en avancement d'hoirie. Pour résoudre, dans ce système, la question des droits consentis par les copartagés aux tiers, on fera l'application des règles du rapport prévues par le Code civil aux articles 859, 860, 865 et suivants ; par suite les actes d'aliénation faits par les copartagés seront maintenus sauf à en faire le rapport en moins prenant, tandis que les hypothèques et les autres droits réels tomberont. Ces conséquences sont évidemment excellentes au point de vue de la sauvegarde qu'elles assurent aux intérêts des tiers.

On ne peut pourtant pas les admettre : en effet on décompose ici encore en deux opérations distinctes, une opération unique dans l'intention du législateur et

risprudence est assez difficile à concilier avec l'opinion de la Cour de cassation que le partage d'ascendant fait par acte entre vifs n'est qu'une donation en avancement d'hoirie. V. Labbé note sous Cass., S. 1878. 1.145 ; Baudry-Lacantinerie et Colin, II, n. 3737 ; Laurent, XV, n. 129.

(1) Réquier, n. 194 et s. ; Genty, n. 54, p. 319 ; Demolombe, XXIII, n° 235

même de l'ascendant : celui-ci a fait un partage dans les formes de la donation, si l'acte est rescindé il doit nécessairement tomber en entier, dans toutes ses parties, et comme partage et comme donation (1). La jurisprudence invoque encore pour soutenir son opinion à ce sujet que la donation comprise dans le partage d'ascendant diffère de la donation en avancement d'hoirie proprement dite en ce que cette dernière est plus stable que la première. Le donataire en avancement d'hoirie peut en renonçant à la succession maintenir irrévocablement ses droits sur les biens donnés tandis que l'enfant copartagé ne peut par aucun moyen empêcher les effets de la rescision du partage dans lequel il a été loti. Voilà pourquoi dans un cas les droits des tiers sont moins exposés et dans l'autre ils le sont plus (2).

Les tiers acquéreurs peuvent-ils invoquer la prescription acquisitive pour s'opposer à la résolution des droits dont ils sont devenus propriétaires ?

Il est incontestable que la prescription de trente ans peut être invoquée par eux : toutes les actions sont prescrites par ce délai et il n'y a pas même lieu de discuter sur ce point.

Mais la prescription que les articles 2265 et suivants

---

(1) Cass., 22 août 1877, S 1878.1.145 ; Montpellier, 10 janvier 1878, S. 1878.2.313 et la note de M. Labbé ; Laurent, XV, n. 129 ; Baudry-Lacantinerie et Colin, II, n. 3738.

(2) V, sur ce point la note de M. Labbé sous l'arrêt de Cass. précité.

du Code civil établissent, c'est-à-dire la prescription de
dix à vingt ans, peut-elle être invoquée?

La jurisprudence refuse ce droit aux tiers acquéreurs (1) et elle a invoqué pour cela plusieurs raisons :

Elle dit d'abord qu'il y a absence de juste titre, en
effet, dit-on, « le tiers a traité avec le véritable propriétaire et il s'agissait pour lui non d'acquérir la propriété mais de transformer en propriété complète,
pleine et entière la propriété résoluble telle qu'elle était
issue du partage d'ascendant rescindable, il était donc
appelé par son titre non à une propriété incommutable mais à une propriété affectée de toutes les causes de
nullité que peut recéler un partage d'ascendant. »

Le tiers possesseur ne pourrait qu'acquérir la seconde condition exigée pour prescrire par 10 ou 20 ans,
la bonne foi et seulement dans le cas où il pourrait
établir à son égard l'ignorance absolue des imperfec-
tions dont était entaché le partage ; il ne pourra jamais
acquérir de juste titre parce que celui qui achète d'un
propriétaire dont le droit est susceptible d'être annulé
ou rescindé ne peut prétendre échapper aux effets de
cette nullité par la prescription établie en vertu des
articles 2265 et suivants ; son titre est soumis aux mêmes vices que celui de son auteur et dans ce cas ce ne
peut pas être un juste titre.

Si l'on adopte ce raisonnement nous ne croyons pas

____

(1) Montpellier, 10 janvier 1878 précité. Note de M. Labbé ; Riom,
14 décembre 1886, S. 1888.2.158.

qu'il faille le spécialiser au partage d'ascendant, comme
M. Labbé semble vouloir le dire en disant : « le possesseur aurait eu une juste cause d'acquisition de la pleine
propriété, si son auteur s'était présenté à lui comme
successeur *intestat* et comme unique héritier ou s'il
avait pu faire croire à l'existence d'un don en avancement d'hoirie (1) ».

Mais nous croyons au contraire qu'il y a lieu d'affirmer l'existence du juste titre dans ce cas ; en effet, l'acquisition faite par le tiers était translative de propriété,
les vices du titre du vendeur n'empêchent pas le titre de
l'acquéreur d'être juste, tout ce que l'on peut dire c'est
que la bonne foi manquera à l'acquéreur toutes les fois
qu'il aura connu les vices du titre de son vendeur et que
alors il ne pourra plus invoquer la courte prescription. En principe, la prescription de 10 à 20 ans a justement pour objet d'affranchir le titre de l'acquéreur
des vices qui menacent le titre de son auteur (2). La jurisprudence a invoqué encore deux autres arguments
pour soutenir que la prescription de 10 à 20 ans n'était
pas applicable en faveur des tiers qui ont acquis des
droits d'un copartagé à la suite d'un partage d'ascendant.

α) La maxime : *contra non valentem agere non currit*

(1) Note de M. Labbé précitée.
(2) Baudry-Lacantinerie et Tissier, n. 700 ; Aubry et Rau, II,
p. 378, note 7 ; Delvincourt, II, n. 655 ; Duranton, XXI, n. 383 ; V.
cependant en sens contraire spécialement pour le partage d'ascendant
Baudry-Lacantinerie et Colin, II, n. 3739 ; Laurent, XXXII, n. 428.

præscriptio; la prescription n'a pas pu courir contre l'action en rescision jusqu'à l'ouverture de cette action et comme cette action ne s'ouvre, selon l'opinion de la jurisprudence, qu'au décès de l'ascendant, la prescription est suspendue pendant la vie de celui-ci. A cet argument M. Labbé a répondu que s'il est admis aujourd'hui à tort selon lui que les descendants ne peuvent pas agir en rescision du vivant de l'ascendant, il n'est jamais possible de dire que les descendants ne peuvent pas agir en interruption de la prescription à l'égard des tiers ; tout au contraire, ajoutons-nous, les descendants sont autorisés à faire des actes conservatoires sur les biens lotis, on leur accorde même quelquefois certains droits résultant du partage, comme l'action en garantie. Cela prouve que les descendants n'ont pas les mains liées durant la vie de l'ascendant ; la maxime invoquée ne recevrait pas son application et l'argument s'évanouit.

b) La jurisprudence tire de l'article 2257 du Code civil un autre argument en faveur de son opinion : elle entend cet article en ce sens que la prescription sera suspendue à l'égard des droits réels aussi bien que des droits personnels affectés d'une condition, jusqu'à ce que la condition soit accomplie.

Mais de quel droit la jurisprudence assimile-t-elle aux droits de créances, seuls prévus par cette disposition, les droits réels ? le droit de créance est l'opposé du droit réel et c'est probablement à cause de cette opposition que le législateur a édicté l'article 2257 du Code civil.

Il n'y a d'ailleurs aucune raison sérieuse pour vouloir faire ce rapprochement entre les droits de créance et les droits réels en matière de suspension de la prescription : la prescription libératoire découle de l'inaction du créancier, inaction qui dans le cas de créance ordinaire et nous entendons par là une créance qui n'est pas conditionnelle, suppose une faute de la part du créancier ou fait présumer la libération du débiteur.

Au contraire la prescription acquisitive repose sur l'idée de possession et comme celle-ci a les mêmes caractères qu'il s'agisse de droits réels actuels ou conditionnels elle doit avoir aussi les mêmes effets.

On comprend donc que le législateur ait imposé à ceux qui ont des droits réels en opposition avec la possession d'être vigilants, qu'il ait permis à ceux dont les droits ne sont que conditionnels de faire des actes conservatoires ; il a reconnu par cela même que la prescription acquisitive peut courir contre de tels droits. Il n'y a donc pas lieu de s'arrêter selon M. Labbé à ce dernier argument.

Ainsi nous pensons contrairement à la jurisprudence que les tiers qui ont acquis des droits réels du chef des copartagés à la suite d'un partage d'ascendant ont, tout comme ceux qui en ont acquis du chef des copartagés à la suite d'un partage ordinaire, le droit d'invoquer la prescription acquisitive de 10 ou 20 ans pour conserver leurs droits.

TITRE III

RESCISION DES PARTAGES DE COMMUNAUTÉ
ENTRE ÉPOUX.

———

L'article 1476 du Code civil dit que le partage de communauté entre époux sera soumis à toutes les règles du partage de succession pour tout ce qui concerne ses formes, la licitation des immeubles, les effets, la garantie et les soultes.

Mais le texte reste muet sur la question de savoir si les dispositions relatives à l'action en rescision, contenues dans les articles 887 à 892 du Code civil sont applicables en cette matière.

On a dit dans une première opinion que le texte de l'article 1476 contient une disposition limitative et qu'il faut par suite le restreindre dans les termes dans lesquels il était édicté ; mais que cette limitation n'empê-cherait nullement d'appliquer aux partages de communauté entre époux les conséquences directes des dispositions prévues par l'article 1476 (1). On a ainsi soutenu que l'action en rescision devrait être appliquée au par-

(1) Toullier, XIII, n. 207 ; Odier, I, n. 522.

tage de communauté entre époux, malgré la limitation
de l'article 1416, parce que cette action n'était que la
sanction de la règle de garantie ; la garantie et la rescision sont tellement liées, dit-on, que l'on ne suppose
pas l'application de l'une sans l'autre.

Dans une deuxième opinion, et c'est là croyons-nous
la vérité, on applique au partage de communauté entre
époux les dispositions du Code civil relatives à la rescision pour cause de lésion, non pas parce que cette action est une conséquence de la garantie prévue par l'article 1476, mais parce qu'elle est de l'essence même
du partage comme dérivant du principe d'égalité. Le
doute est d'autant plus impossible que lors des travaux
préparatoires, dans l'exposé des motifs du titre des
sociétés, Treilhard a déclaré que les partages de sociétés étaient rescindables pour cause de lésion comme les
partages de successions et cela aujourd'hui est admis
par tout le monde. Si donc en matière de société ordinaire on étend les règles du partage de succession,
malgré le silence du texte, *a fortiori* on doit l'étendre
aux partages de société entre époux (1).

La disposition de l'article 1476 et l'extension des articles 887 à 892 ne se fait pas seulement dans le cas où
les époux ont été mariés sous le régime de la commu-

____

(1) Guillouard, III, n. 1337 ; Laurent, XXIII, n. 16 ; Troplong, III,
n. 1679 ; Rodière et Pont, I, n. 844 ; Aubry et Rau, § 519, note 28. La
jurisprudence est dans le même sens, V. Cass., 5 avril 1892, D. 1892.
1. 235.

nauté légale ou conventionnelle, mais au partage qui suit la dissolution de l'association conjugale sous quelque régime que les époux fussent mariés. La jurisprudence est fixée dans ce sens et on doit l'approuver ; en effet, n'avons-nous pas dit déjà que les règles de la rescision sont la suite du principe d'égalité et que ce principe doit trouver son application dans tout partage ou tout acte qui en tient lieu, quelle que soit la cause de l'indivision (1).

Il ne suffirait pas, tout comme en matière de partage de succession, pour se soustraire à l'action en rescision, de donner au partage l'apparence d'une vente, cession ou transaction ; du moment que l'acte qui fait cesser l'indivision entre époux, n'entre pas dans le domaine de l'article 889 du Code civil, il est rescindable quel que soit le nom ou la qualité qu'on lui aura donné (2).

La question la plus intéressante et en même temps la seule qui soit vivement controversée en cette matière est celle de savoir si, pour calculer l'importance de la lésion, il faut se reporter seulement à l'actif net dont l'époux a été approprié ou bien s'il faut au contraire prendre en considération pour ce calcul la totalité des valeurs qui lui ont été attribuées dans la masse active, tant pour ses prélèvements que pour sa part dans l'actif

____

(1) Paris, 5 mai 1887, sous Cass., 8 juin 1890, S. 1892.1.380.
(2) Cass., 29 janvier 1872, S. 1873.1.113. Voyez un cas spécial où l'action fut refusée : Sirey, 1895 1.129.

net. Nous n'avons fait qu'énoncer la question aux partages de successions, c'est le moment d'entrer dans ses détails.

Il convient de rappeler qu'après la dissolution de l'association conjugale et après avoir formé la masse des biens à partager en y ajoutant les créances de la communauté contre chaque époux, on devra déduire de cette masse ce que la communauté doit à chaque époux à titre de récompense ou indemnité. C'est cette déduction que la loi appelle prélèvement.

D'où il résulte à première vue que les prélèvements supposent un créancier, l'époux, et un débiteur, la communauté ; le droit en vertu duquel l'époux prélève est un droit de créance.

Telle est aujourd'hui l'opinion de la jurisprudence qui décide, non seulement que, dans leurs rapports avec la communauté, les époux opèrent ce prélèvement à titre de créanciers (1) ; mais, même dans leurs rapports réciproques, les prélèvements ne satisfont qu'un simple droit de créance (2).

La jurisprudence s'appuie pour soutenir cette opinion sur le fait que la communauté avant la liquidation et le partage, constitue en quelque sorte, un être qui se distingue encore des époux, et qu'il ne doit y avoir vrai-

____

(1) Cass.,16 juin 1858,S. 1858.1.9.Cet arrêt opère un revirement dans la jurisprudence qui jusqu'alors décidait la question en sens contraire.

(2) Cass., 1er juin 1862, S. 1862.1.829 ; 13 décembre 1864, S. 1864. 1.89 ; 15 juillet 1867, S. 68.1.13 ; 6 juillet 1870, Sirey, 1870.1.348.

ment de copropriété que sur ce qui restera de l'actif, déduction faite des reprises de chaque époux.

On a répondu que, si l'auteur du prélèvement agit seulement comme simple créancier, pourquoi la loi lui donne-t-elle le droit de faire un prélèvement en nature ; évidemment ce droit suppose un droit de copropriété.

Cette objection n'a pas troublé la nouvelle jurisprudence qui a dit que si, à défaut de paiement en argent, l'action en prélèvement s'exerce conformément aux articles 1470 et 1471 du Code civil, sur les biens dépendant de la communauté, ce mode d'exercice ne change ni le principe, ni la nature du droit, que les époux conservent toujours leur qualité de créanciers, et tous les droits qui y sont attachés par le droit commun, notamment celui d'exiger que le remboursement soit effectué en deniers.

Pourtant, cette doctrine n'a pas été admise par tout le monde et on continue de soutenir que les prélèvements dans les rapports entre les époux s'exercent en vertu d'un droit de copropriété dans une masse indivise (1). Voici les arguments que l'on invoque dans ce système.

1° Toutes les fois que l'on parle d'un droit de créance il faut déterminer un créancier et un débiteur ; quels

______

(1) Voyez *Revue critique*, 1877, M. Esmein, IX. Même sens, Demolombe, *Distinction des biens*, I, 363 à 365 ; Marcadé, V, art. 1472, n. 2 et 3.

sont les deux sujets dans le cas présent? le créancier c'est évidemment l'époux qui prélève,que ce soit le mari ou la femme, mais le débiteur quel sera-t-il? La communauté? la jurisprudence l'a soutenu, mais il lui a fallu pour cela établir en vertu d'une fiction, que la communauté constitue avant la liquidation et le partage un être qui se distingue encore des époux. Cette existence de personne distincte jusqu'au moment du partage ne paraît pas avoir été prévue par la loi qui fait cesser la personnalité de la communauté à sa dissolution. Si la communauté ne peut pas être le débiteur, peut-on dire que cette qualité appartienne à l'un des époux? Lorsque c'est la femme qui est créancière, c'est-à-dire qui exerce le prélèvement, on peut dire que le mari joue vis-à-vis d'elle le rôle de débiteur parce qu'il peut être poursuivi sur ses biens personnels, mais lorsque c'est le mari qui exerce le prélèvement il est impossible d'établir le droit de créance. Si le droit du mari n'est pas une créance, celui de la femme ne peut pas non plus en constituer une.

2° La jurisprudence a dit que lorsque le prélèvement porte sur un meuble ou un immeuble ce droit n'est que facultatif, que l'époux qui exerce le prélèvement a toujours le droit de demander le paiement en deniers. Or l'article 147, qui est le siège de la matière paraît au contraire établir une règle obligatoire; en effet il débute par une disposition sur laquelle personne ne discute: les prélèvements de la femme s'exercent avant ceux du mari, pourquoi arriverait-on à scinder cet article quand tout fait croire que son esprit est d'être impératif.

3° Enfin on invoque à l'appui de cette théorie la tradition ; dans l'ancien droit on avait fini par décider que les prélèvements s'exerçaient à titre de copropriétaires ; le Code civil en reproduisant les termes qui servaient à désigner le système adopté dans l'ancien droit et les règles qui résultaient de son application a par là même entendu le consacrer (1).

De l'adoption de l'un ou de l'autre système au sujet de la nature du droit du prélèvement dépend la question de savoir si le prélèvement est une opération de partage ou une simple opération préliminaire ; dans le premier cas, le calcul de la lésion devra porter sur l'actif net et sur les prélèvements cumulativement, dans le second cas il ne devra porter que sur l'actif net.

C'est ainsi que l'on a soutenu que dans le cas où les prélèvements absorbent toute la masse, il n'y a pas lieu d'accorder l'action en rescision parce que dans ce cas le partage véritable, qui ne doit s'accomplir qu'après que les prélèvements sont opérés, ne peut pas avoir lieu et que là où il n'y a pas partage, il n'y a pas d'action en rescision.

Cette opinion pourtant nous paraît contenir le germe de sa condamnation.

En effet, l'arrêt qui l'a consacrée dit que l'acte qui in-

(1) Même sens : Metz, 10 avril 1862, S. 1862.2.200 ; Paris, 24 juillet 1869, S. 1870.2.45.

tervient dans ce cas entre les époux est un règlement
de compte entre deux associés qui prélèvent leur part
et qui n'ont ensuite aucun actif à partager faute de bé-
néfices ; or il est admis aujourd'hui que l'acte qui intervient entre époux n'a pas besoin d'être un partage proprement dit pour être soumis à l'action en rescision ;
qu'un règlement de compte peut parfaitement faire cesser l'indivision et être rescindé pour lésion.

On a prétendu dans un autre système qu'il fallait
faire une distinction pour calculer la lésion sur l'actif
net ou sur les prélèvements.

Toutes les fois que les prélèvements absorbent toute
la masse il faut accorder l'action en rescision et c'est
sur l'ensemble des prélèvements qu'il faut calculer le
préjudice ; mais si après les prélèvements il reste une
partie de la masse disponible et que cette masse est
partagée, c'est sur cette partie seulement que le calcul
de la lésion doit se faire (2).

Cette distinction est critiquable et elle doit être rejetée. En effet, ou bien le calcul doit porter sur l'actif net
ou bien sur l'actif et les prélèvements cumulativement,
la question sera résolue *infrà* lorsque nous examinerons la troisième opinion ; s'il ne doit porter que sur
l'actif net, il n'y a pas de raisons pour le faire sur les
prélèvements dans le cas où ceux-ci absorbent toute la
masse ; au contraire les raisons qui ont fait admettre

(1) Orléans, 12 août 1881 sous Cass., 13 août 1883, S. 1884.1.289.
(2) Bourges, 13 juin 1877, sous Cass., 23 juin 1880, D. 1880.1.441.

cette solution subsistent dans le cas où l'actif est réduit
à rien. Si le calcul doit porter sur l'actif et sur les prélèvements cumulativement il n'y a non plus de raisons
pour ne pas opérer de cette manière lorsqu'il y a allotissement et prélèvements. On a objecté, il est vrai,
nous l'avons vu, que la lésion se calcule d'une manière
différente à l'égard des divers copartageants ; mais cela
importe peu puisque les attributions peuvent elles-mêmes être différentes et il n'y aurait pas lieu de calculer
séparément la lésion sur le prélèvement et sur les attributions à titre de partage de manière à pouvoir accorder l'action en rescision aux uns sans l'accorder aux
autres.

Enfin dans une troisième opinion qui semble consacrée aujourd'hui par la jurisprudence et à laquelle la
doctrine tend à se rallier définitivement, on prétend que
le calcul de la lésion dans un partage entre époux doit
être fait tant sur l'actif net que sur les prélèvements
exercés par les époux.

On cite, à l'appui de ce système, l'intention même des
parties, car en effet, dit-on, dans la liquidation d'une
communauté chacun des époux considère comme rentrant dans sa part tout ce qui lui est attribué à quelque
titre que ce soit et ne fait pas de différence essentielle
entre les différentes parties d'un compte total. On ajoute
que l'exercice des reprises ne constitue qu'une des opérations du partage, que dès lors les attributions qui en
sont la conséquence ont le même caractère juridique

que les allotissements auxquels donne lieu le partage. Le calcul doit se faire tant sur l'actif net que sur les prèlèvements et il y a lieu de former une seule masse comme si l'on se trouvait en face de plusieurs partages partiels (1).

A l'objection formée par l'opinion contraire que l'époux ne reçoit pas au même titre l'allotissement et le prélèvement, on répond que s'il résulte de la nature du droit de prélèvement que celui-ci ne constitue qu'une opération tendant à déterminer la masse partageable, il n'en est pas moins vrai que cette opération est indispensable au partage, qu'elle forme corps avec lui et bien que l'allotissement et le prélèvement constituent deux actes juridiquement distincts, l'un supposant un droit de copropriété et l'autre un droit de créance, ils forment les éléments d'un même compte total et lorsqu'on voudra calculer l'exactitude de ce compte on ne pourra pas les séparer.

On a fourni aussi des arguments de texte en invoquant les articles 828, 829 et 830 du Code civil, en vertu desquels l'action en partage comporte règlement des comptes que les copartageants peuvent se devoir et formation de la masse générale au moyen des rapports et prélèvements, que toutes ces opérations tendant à un but unique s'enchaînent et ne doivent pas être séparées. Ces textes montrent donc que le règlement, entre cohé-

(1) Aubry et Rau, VI, p. 578 : Baudry-Lacantinerie et Wahl, III. Paris, 4 mars 1874, D. 1875.2,19.

ritiers, de dettes afférentes aux biens à partager constitue une des opérations du partage et doit en suivre le
sort. D'autre part on a dit que les règles sur les partages
de successions sont applicables aux partages de communauté et que l'article 1476 du Code civil qui règle les prélèvements à titre de reprises est placé sous la rubrique
du partage de l'actif. Les biens prélevés font donc partie
des biens partagés, les époux, en procédant aux prélèvements ont agi comme copartageants bien qu'ils aient agi
comme créanciers et non pas comme copropriétaires (1).
Aussi cette solution est la plus équitable au point de vue
des parties, elle est conforme à la loi et conciliable avec
l'opinion admise par la Cour de cassation sur la nature
du droit de prélèvement, et elle mérite d'être adoptée.

Le partage de communauté entre époux pour tout ce
qui concerne l'exercice de l'action en rescision, les fins
de non-recevoir opposables au défendeur ainsi que les
effets est soumis aux mêmes règles que le partage de
succession.

(1) Cass., 21 juillet 1880, S. 1881.1.151 ; 13 août 1883, S. 1884.1.
289. V. Dalloz, 1880.1.441 ; Cass., 21 mai 1884, S. 1886.2.89 et la note
de M. Esmein. V. aussi Labbé, *Revue critique*, 1887, p. 437.

TITRE IV

RESCISION DES PARTAGES DE SOCIÉTÉ.

Le Code civil règle le partage de société comme le partage de communauté entre époux par un renvoi aux dispositions contenues dans le titre des successions ; l'article 1872 du Code civil dit en effet que « *les règles concernant le partage des successions, la forme de ce partage, et les obligatione qui en résultent entre les cohéritiers, s'appliquent aux partages entre associés.* »

Il s'est élevé ici, comme en matière de partage de communauté, une discussion pour savoir si toutes les règles du partage de successions étaient applicables aux partages de société. En principe on peut dire que les termes très généraux dans lesquels l'article 1872 est compris permettent de faire cette application le plus largement possible ; toutefois il y a des dispositions contenues au titre des successions dont l'application immédiate ne peut être faite, ce sont toutes les dispositions qui forment une exception aux principes généraux de notre droit.

Parmi ces dispositions exceptionnelles dont l'application doit être faite avec une attention spéciale, figure l'action en rescision ; nous avons vu en effet que la lésion a toujours été une cause spéciale de nullité des conventions ; nous allons donc nous poser la question de savoir quel sera l'effet de la lésion dans un partage de société ?

Pothier admettait déjà que la lésion était une cause de rescision des partages, sans faire de distinction si le partage était de succession, de communauté ou de société (1).

La question paraît aujourd'hui définitivement résolue dans le sens de l'affirmative (2) et cette solution a été adoptée à la suite de la discussion qui a eu lieu à ce sujet lors des travaux préparatoires du Code civil.

La section de législation du Tribunat dans sa séance du 20 pluviôse an XII a proposé de supprimer à l'article 41 du projet de la Commission du gouvernement, devenu l'article 1872 du Code civil, les dernières lignes qui contenaient la disposition suivante : « sauf l'action en rescision pour cause de lésion laquelle n'est point accordée à ces derniers (3) ».

On a dit au Tribunat que les inconvénients qui ont fait admettre la lésion comme cause de rescision dans les partages ordinaires sont absolument les mêmes en matière de partage de société : l'égalité en cette matière constitue la matière et l'essence du contrat.

(1) Pothier, *Société*, n. 174.
(2) Lyon-Caen et Renault, II ; Guillouard, III, et tous ces auteurs.
(3) Locré, XV, p. 54.

C'est ainsi que la disposition restrictive a disparu de la rédaction définitive de l'article 1872 et que l'on est revenu par cela même à la doctrine de Pothier.

Il y a lieu de faire l'application des articles 887 à 892 du Code civil non seulement aux sociétés civile mais mêmes aux sociétés commerciales.

La lésion sera calculée par rapport à la valeur du lot que chaque associé devrait obtenir et qui peut varier suivant la convention des parties ou à défaut suivant la mise de chacun des associés dans le fonds social. Il y a lieu de faire sur ce point les réductions proportionnelles pour le cas où l'apport n'a pas été réalisé en totalité, c'est ainsi qu'en cas de rapport successif, si la société est dissoute avant le terme fixé pour une cause légitime, la proportionnalité convenue par l'acte de société serait réduite en proportion du temps pour lequel le rapport successif n'a pas été fait.

Dans la masse sur laquelle portera le calcul de la lésion on comprendra tous les objets et en général tout ce qui peut constituer une valeur appréciable en argent.

L'estimation sera faite conformément aux principes du Code civil c'est-à-dire par les parties si elles sont toutes d'accord, majeures et capables, ou bien par un expert choisi ou nommé d'office en cas contraire.

L'action en rescision sera recevable, non seulement contre un partage proprement dit, mais contre tout acte qui fera cesser l'indivision et qui ne remplira pas les conditions de l'article 889 du Code civil.

La demande sera formée devant le tribunal du lieu où la société avait son siège social, contre tous les associés : les fins de non-recevoir que l'on peut opposer au copartageant dans un partage de succession, pourront être opposées au copartageant d'un partage de société.

Enfin, les effets de l'action en rescision entraîneront le rétablissement de l'indivision entre tous les associés, on rapportera tous les lots à la masse, et on procédera à un nouveau partage, conformément aux règles relatives à la demande en partage.

TITRE V

RESCISION DES PARTAGES DE COMMUNAUTÉS ORDINAIRES.

———

Lorsque deux ou plusieurs personnes ont des droits indivis sur un même bien, on dit qu'elles sont en indivision et qu'il y a communauté. Si le Code civil s'est occupé des cas spéciaux où la communauté résulte d'une succession, d'une société ou d'un mariage, ou qu'il a établi, pour le cas de communauté dérivant d'une succession des règles, fixant la manière dont les communistes pourront transformer leurs droits indivis et droits propres ; s'il s'est contenté de renvoyer, par des dispositions spéciales, dans les cas où la communauté résulte d'une société ou d'un mariage, aux règles établies en matière de succession, il n'a pas fait de même pour le cas de communauté dérivant de toute autre cause que celles énumérées. Son silence absolu sur ce point a obligé la doctrine et les interprètes à combler une lacune de nos lois.

Il n'est plus de doute pour personne aujourd'hui que les règles du partage en matière de succession constituent des principes applicables toutes les fois qu'il y a indivision et qu'il y a des droits indivis à régler. C'est pourquoi, malgré le silence absolu de nos lois, on peut affirmer que l'action en rescision est donnée toutes les fois que deux ou plusieurs personnes ont partagé des choses sur lesquelles elles avaient un droit de copropriété.

Vu :

Le Président de la thèse,

Paris, le 10 juin 1898

CH. LYON-CAEN.

Vu :

Le Doyen,

GARSONNET.

Vu et permis d'imprimer :

Le Vice-Recteur de l'Académie de Paris,

GRÉARD.

TABLE DES MATIÈRES

———

TITRE II

RESCISION DES PARTAGES D'ASCENDANTS

TITRE III

TITRE IV

TITRE V

Imp. G. Saint-Aubin et Thevenot. — J. Thevenot, successeur, Saint-Dizier